U0925142

民國文存

21

墨子閒詁箋

張純一 著

知識產權出版社

《墨子》是闡述墨家思想的經典著作，其內容主要包括記載墨子的言行、闡述墨家的認識論、邏輯思想等，其中還包括力學、幾何學以及光學等自然科學知識。自漢代獨尊儒術之後，墨家思想少有人問津。自清代乾嘉時期，墨學再興，孫詒讓的《墨子閒詁》可謂集清代學者《墨子》校勘之大成。至民國時期，對《墨子》和墨家思想的研究出現了一股高潮，影響較大的研究者有梁啟超、劉師培、章太炎等人，張純一亦位列其中，而其《墨子閒詁箋》從內容和思想上是對孫詒讓《墨子閒詁》的重要補充，是民國時期墨學研究的重要代表著作之一。

責任編輯： 文　茜　　**責任校對：** 董志英　　**動態排版：** 賀　天
特約編輯： 譚　笑　　**責任出版：** 劉譯文

圖書在版編目（CIP）數據

墨子閒詁箋/張純一著.—北京：知識產權出版社，2015.3

（民國文存）

ISBN 978-7-5130-1553-0

Ⅰ.①墨…　Ⅱ.①張…　Ⅲ.①墨翟（前 480~前 420）—人物研究②墨翟（前 480~前 420）—哲學思想—研究　Ⅳ.①B224.5

中國版本圖書館 CIP 數據核字（2012）第 227648 號

墨子閒詁箋

Mozi Jiangu Jian

張純一　著

出版發行： 知識產權出版社 有限責任公司

社　　址：	北京市海澱區馬甸南村 1 號	**郵　　編：**	100088
網　　址：	http://www.ipph.cn	**郵　　箱：**	bjb@cnipr.com
發行電話：	010-82000860 轉 8101/8102	**傳　　真：**	010-82005070/82000893
責編電話：	010-82000860 轉 8342	**責編郵箱：**	wenqian@cnipr.com
印　　刷：	保定市中画美凯印刷有限公司	**經　　銷：**	新華書店及相關銷售網站
開　　本：	720 mm×960mm　1/16	**印　　張：**	11.75
版　　次：	2015 年 3 月第一版	**印　　次：**	2015 年 3 月第一次印刷
字　　數：	148 千字	**定　　價：**	42.00 元

ISBN 978-7- 5130-1553-0

民國文存

（第一輯）

出版前言

民國時期，社會動亂不息，內憂外患交加，但中國的學術界卻大放異彩，文人學者輩出，名著佳作迭現。在炮火連天的歲月，深受中國傳統文化浸潤的知識份子，承當著西方文化的衝擊，內心洋溢著對古今中外文化的熱愛，他們窮其一生，潛心研究，著書立說。歲月的流逝、現實的苦樂、深刻的思考、智慧的光芒均流淌於他們的字裡行間，也呈現於那些細緻翔實的圖表中。在書籍紛呈的今天，再次翻開他們的作品，我們仍能清晰地體悟到當年那些知識分子發自內心的真誠，蘊藏著對國家的憂慮，對知識的熱愛，對真理的追求，對人生幸福的嚮往。這些著作，可謂是中華歷史文化長河中的珍寶。

民國圖書，有不少在新中國成立前就經過了多次再版，備受時人稱道。許多觀點在近一百年後的今天，仍可說是真知灼見。眾作者在經、史、子、集諸方面的建樹成為中國學術研究的重要里程碑。蔡元培、章太炎、陳柱、呂思勉、錢基博等人的學術研究今天仍為學者們津津樂道；魯迅、周作人、沈從文、丁玲、梁遇春、李健吾等人的文學創作以及傅抱石、豐子愷、徐悲鴻、陳從周等人的藝術創想，無一不是首屈一指的大家名作。然而這些凝結著汗水與心血的作品，有的已經罹於戰火，有的僅存數本，成為圖書館裡備受愛護的珍本，或成為古玩市場裡待價而沽的商品，讀者很少有隨手翻閱的機會。

鑑此，為整理保存中華民族文化瑰寶，本社從民國書海裡，精心挑出了一批集學術性與可讀性於一體的作品予以整理出版，以饗讀者。這些書，包括政治、經濟、法律、教育、文學、史學、哲學、藝術、科普、傳記十類，綜之為《民國文存》。每一類，首選大家名作，尤其是對一些自新中國成立以后沒有再版的名家著作投入了大量精力進行整理。在版式方面有所權衡，基本採用化豎為橫、保持繁體的形式，標點符號則用現行規範予以替換，一者考慮了民國繁體文字可以呈現當時的語言文字風貌，二者顧及今人從左至右的閱讀習慣，以方便讀者翻閱，使這些書能真正走入大眾。然而，由於所選書籍品種較多，涉及的學科頗為廣泛，限於編者的力量，不免有所脫誤遺漏及不妥當之處，望讀者予以指正。

目　錄

章序

墨子書，自晉宋以下，久無疏證。近世張皋文、鄒特夫取其《經》《說》，為之說解。及孫仲容作《閒詁》，大義粗明，然闕者猶不少。民國既興，學者好治九流之學，其于墨氏尤重。至欲駕之孔、老之上，則偏鶩而失其中者也。張君仲如少時與光復之業，壯而不用，遂潛思諸子，攬其旨要，今年夏以所說墨書相示。精卓之義，往往有諸家所未發者。余為獻替數事歸之。周秦閒學術之盛，冠于百代。其書流貤于今者，閎義眇旨，集數十學者，說之十年猶不可盡。仲如之書，雖獨申所見，不盡完葡，其以供後人集思之用則幾矣。抑墨氏以尚儉多技，為衰世所矜式。游其門者，大抵刻苦不華，務在躳行，不以辯麗自衒。今人取其辭義，忽其法守，使材蓺彫落，往往近于清談。斯乃與墨子著書之旨相戾。仲如素樸勁，才性與墨家相似。余顧本其所學，見諸日用飲食之閒，則庶幾足以為天下之好乎?

民國十一年孟秋章炳麟書

曹序

吾友張君仲如，蓋勇於振世救敝，能以其所學見諸實行者也。遭清之季，力謀維新。甲辰，與劉敬安、馮特民諸同志，假武昌聖公會設日知會，謀革命。嘗用白話作軍歌，密喻[1]軍士，感導甚眾。此武昌起義之因也。丙午冬，謀舉事。會同志被逮者九人，軍界被牽連者數十人。仲如乃匿迹路工，以增進勞動社會之知識。嘗憫學子習染文弱、巧宦求活，特爲米商，赤足肩囊以矯之，獲利即罄所有。在漢陽沌口購地四十畝，捐入孤貧工藝學校。又以積年所入脩金，築室漢陽城內，奉養父母。及其父母相繼謝世，即捐之社會作紀念，並盡力購募書報藏其中，用供眾覽，而自無立錐地。民國既興，仍甘守窮約，惟著書講學以資家，絕不與聞政治。蓋以改造時局，莫急於改造人心，使皆屈已以利羣，於是自處惔然，日夕爲天下憂不足。仲如可謂能遵墨教，有力則以勞人、有財則以分人，有道則肆相教誨者。以故莘莘學子，才性淳樸者，既與之接。靡不重其言論，感於其誠而動，或且依依弗欲與之離也。莊子謂墨子以繩墨自矯而備世之急，又好學而博不異。仲如有焉。余與仲如交廿餘年，故於其孜孜講學救世之苦心，知之甚悉。因仲如此書付梓，聊舉其生平以為讀墨書者告。

民國十一年八月曹亞伯識於申江

[1] “喻”，當爲“諭”。——編者註

自序

戊申春，孫仲容先生刱辦溫州師範學校。余承乏講席，蓋亟願治墨家言。不意絕學之難聞也，唯鞏覈於其書。欲有所詮說，八年春始屬稿，屢以事輟。九年任南開、燕京兩大學講席，復撮要為諸生解說。自是賡續鉤攷，有所得輒書之，十年冬始畢。乃彙集諸稿編為一帙，都二十餘萬言。蓋本《閒詁》而成，閒亦竊附已意。於各科學光學、重學、幾何學、測量學、熱學、生理衛生學、心理學、論理學、倫理學等、政治哲學附法理學、理財學、宗教學等；論均列之。今春就正於蔡先生孑民，頗承指示。並屬以專輯訂正《閒詁》各條為一編，名曰《墨子閒詁箋》；以明學有師承，而仍不苟同之義。余從之，先輯是篇。方校寫中，又得梁任公先生《墨經校釋》，因而改正者數事。又得欒調甫先生《讀墨經校釋》稿，見《經說上》戶樞免瑟，瑟通蝨之證。而《經下》鑑團景一條，尤能證其錯簡。此皆示我周行者也。夫墨子書，眇理閎富，匯異同於一，兼普愛、利於實用；“鈞天地之有，夷生人之等”於陵子貧居，誠東方文化之祕藏，而譌捝失真，號為難讀。雖經前賢銳意闡發，卒不無舛牾，於淵旨多未能融。譾陋如余，更未知有一二之當否。茲所攷訂，聊攄管蠡，引起明哲宣究而諟正之耳。校寫既竟，略誌緣起于此。

十一年七月二十日 張純一

八月四日，又得欒君調甫寄示張子晉先生《新攷正墨經注》，接目而心怍者多。其解小故大故，確乎立辯綱要，不得不補錄入冊。復質正於章先生太炎，亦頗承繩削。均惠我不淺，附此誌感。

八月十日　純一

校刊中，又得吾友劉君再賡采其相商，補正四事；幸甚。

十月五日又誌

凡例

一，墨子賴有《閒詁》而後可讀。而《閒詁》引用諸書多誤。因遺書刊諸身後，校勘偶疏故也。例如《非命上》引《孝經援神契》有“受命以保慶”，“保”“譌”“任”；“隨其善惡而報之”，挩“而”字。《經上》方柱隅四讙也：注引《呂氏春秋圜道》篇，誤作《論人》篇。諸如此類不少。是篇述及，必加甄討。非敢妄改原書，幸閱者鑒別之。並告讀《閒詁》者均留意焉。

二，墨書塵薶千古。古字古義既多，掍淆譌挩尤甚，號稱難讀。是篇謹遵舊法，不敢妄改古書。顧求便流覽，冀免閱者勞損；不得不稍事變通。諸所校訂，或即寫作正文；必注明舊作某，從某改；或挩某、衍某，從某增刪；以存本來。所持理由有二：（一）墨書舊本具在，閒詁猶存舊法，學者無難檢校。（二）今當羣賢研究，拙稿聊貢一愚，用求繩正；是未定草，不足以覆瓿也。蓋拙稿校寫甫竟，適接欒君調甫惠書：“言某君任情刪改古書，蕩棄舊法，頗足為古書危”，其意良厚。用是兢兢，故此鄭重申明；敬告嗜古學者。倘遇古書難解，無妨於原文下，注明所見，幸勿效尤拙稿，強作解事。例如《經說下》“蚼與瑟孰瑟”，余初從孫校改作“蛇與鼃孰長”，及見欒調甫《讀墨經校釋》稿，仍舊。又《所柒篇》“五入必而已則為五色矣”，余因《呂氏春秋》作“五入而以為五色矣”，以“必而已”三字衍，當從孫校，據《太平御覽》刪。乃吾友劉君再賡云：“《說文》：必，分極也。從八弋，蓋上古樹弋分介也。”余恍然。似本謂五色分界極明，視其所入而變。迨五入各色以後，則分判為五色。孫校“必”讀為“畢”，亦極有理。必字有義可通，何得言刪朓繆。足證古書不可率爾刪改也。

三，以前二理由，凡遇錯簡，從先哲或時賢移著者，必注明原委。閒有出自管見者，本應仍原文之舊，作注說明。但再三審校，於義難安，亦權且移置，以便研究。惟必加“”符號，以為辨別。不知果有當否，敬祈閱者教正。

四，墨書光、重諸學，洵非專家，不敢妄測。余嘗徧訪物理學者，未得要領。閒或親加實驗，終難自信。兵學如《備城門》十一篇，尤無從問津。其餘奧義難宣者不勝數。義多未悉，寧從蓋闕。

五，墨學精微，比肩《易》《老》，非僅可以實用稱。此說曾質正於章君太炎，頗以為然 全書莫重於《經》與《說》，而《大取》尤為綱要；《小取》特其立辯實行之方法。胡適《中國哲學史大綱》，說《經上下》《經說上下》《大小取》六篇是別墨做的，與余絕對相反，竊以墨書惟此六篇，為墨子自著，余嘗請問太炎先生，先生初以《經上下》《大小取》皆墨子自著，《經說》上下為其門弟子記述，余因即拙稿請其鑒定，乃云《經說》上下或亦墨子自著 蓋墨辯異同，凡以明兼。兼明而後墨道明，《天志》《兼愛》《節用》諸義無不明。本兼而別者取小，兼以正別者取大；皆當於《經》《說》求之。墨辯在在注重歸納。胡著《中國哲學史大綱》，不佞無任欽佩，惟謂“老子絕聖棄智云云是極端的破壞主義”。竊以破俗所以全真，正是其大建設。又言“易便是變易的易，天地萬物都不是一成不變的，都是時時刻刻在那裏變化的”。竊以有一資之變化的，却是終古不變的。是即《易》《老》之一，（《老子》云：聖人抱一為天下式；《易繫下》云：天下之動貞夫一者也）墨之兼也。（《經下》無窮不害兼）胡以主觀武斷，故誤，惜拙稿未能就正之 是則東方文化之特色。不佞窮年兀兀，冀貢一愚於社會者在此。幸碩儒勿吝賜教。

六，拙稿自起草迄今，中閒雖屢輟，已易四暑三冬。然義不愜心，昨是而今非者甚多。改竄亦云頻矣。大氐偶一檢閱，輒費推敲，未有已時。蓋讀墨書，倘一字不凝神玩索，便錯。例如《經說下》“去尒當俱”，尒：余初從畢校作“亦”，後始覺誤。則諸多疏謬，並自囿於偏蔽而不覺者，更不知凡幾。敬希方家一一匡正，無任企禱。

親士

孫云："此篇所論，大抵《尚賢篇》之餘義，似不當為第一篇。後人因其持論尚正，與儒言相近，遂舉以冠首耳。以馬總《意林》所引校之，則唐以前本已如是矣。"愚案：孫說未審。二千年來，偏重儒術，固為專制政策所利用；亦學者理想受縛，見道未徹之明徵。今分三項言之：（一）墨家親士，在使國君尚羣為治，頗似虛君共和政體。蓋道家上德若谷之旨，不得謂儒家持論獨正也。（二）不親士則無賢可尚；親士即"衡聽、顯幽、重明、退姦、進良之術"。《荀子·致士篇》是實圖治之先務，並非尚賢之餘義。唐以前本已如是，可見古人卓識。（三）古者農道儒墨諸家之學，恆互相通而難分。如親士尚賢，與儒相同；修身非戰，則無殊儒道二家；節用又農道儒三家皆然；何獨親士與儒言相近，可舉以冠首耶？參觀《墨學傳授考》，案羣輔錄言三墨云云。《荀子·致士篇》，或本此而作。

入國而不存其士，則亡國矣。

孫云：《說文》子部云："存，恤問也。"愚案：恤問不能周於士，難言保國。《易·繫辭上》傳、成性存存疏，謂保其終也。此言立國以養士為本，養士而不能保其終，其國必不理，難以立乎宇內矣。

太上無敗，其次敗而有以成，此之謂用民。

孫云："言以親士，故能用其民也。"愚案：孫說是而義未圓。國事非羣力不濟。太上：如舜無為而治，《說苑·君道篇》，堯舜之人，皆以堯舜之心為心固無敗矣。其次：如文《左》僖二十七年"始入而教其民"、桓《管子·問篇》"問一民有幾"云云、句踐《越語下》"同男女之功無曠其眾"云云敗而有以成，皆重羣治之效也。此英儒斯賓塞爾、赫胥黎輩尚羣之微旨。

非無安居也，我無安心也；非無足財也，我無足心也。

畢云：“言不肯苟安，如好利之不知足。”愚案：畢說近是而未允。準墨家“昭昭然為天下憂不足”《荀子·富國篇》之義，此可作二解：（一）我居雖安，而羣居不安；我應無安心。我財雖足，而羣財未足；我應無足心。（二）羣居今安，將來未必久安；我應無安心。羣財今足，將來未必常足；我應無足心。此《易·繫辭傳》所謂“安而不忘危，存而不忘亡，懼以終始，其要无咎”也。亦即進化論鉅子頡德所謂“能為未來謀者優勝”之道。《管子·心術下》曰：“豈無利事哉？我無利心；豈無安處哉？我無安心。”與此略同。

是故君子自難而易彼。

畢云：“言自處於難，即躬自厚而薄責人之義。”愚案：畢說未確。墨家所謂難者，“自苦為極”也。此言君子獨先天下憂患難，期與天下共安樂；眾人反是。

君子進不敗其志，內究其情。

“內”下畢增“不”字，云：“舊脫此字。据上文增。疚，究同；猶云內省不疚。”俞云：內當作衲，即退字也。進不敗其志，退究其情，正相對成文；所謂大行不加，窮居不損也。因退從或體作衲，又闕壞而作內，畢氏遂據上句增入“不”字，殊失其旨。孫云：俞說近是。愚案：畢、俞二說均未審。“內”下不應增“不”字，“內”字亦不誤。究：《漢書·宣帝紀》集注：“盡也。”又《劉向傳》集注：“竟也。”墨家枯槁不舍，不必仕進始行其志；此言君子崇德廣業，有進無退，雖事關天下或有不濟，而志且益堅；蓋情深悲憫，不容已，必內自究其所以即於安也。

雖褋庸民，終無怨心。

畢云：言遺佚不怨。愚案：畢說未允。遺佚對進用言，墨家具農家尚勞賤之精神，何遺佚之有；此言君子和光同塵，人不知而不慍也。

彼有自信者也。

信：同伸。《易・繫辭傳》"尺蠖之屈以求信也。"言君子有所以自立於天下者，天下不可得而貴，不可得而賤也。蓋士有可親之實如此。

是故偪臣傷君。

孫云："《國語・周語》韋昭注云：'偪，迫也。'偪臣，謂貴臣權重迫君。然此與'諂下'同舉，而對'弗弗之臣'為文，則不當云偪臣。偪疑'佞'之譌。"愚案：孫說"不當云偪臣"是，"偪疑佞之譌"非；即作"佞臣傷君"，亦不合上下文義。疑本作"俌臣撟君"，正對"諂下傷上"，乃因"俌"與"偪"形近而譌；校者不知，望文生義，以為偪臣必至傷君；又因下有"傷上"明文，"撟"字草書形亦近"傷"，遂妄改"撟"為"傷"，而義不可通矣。《爾雅・釋詁》："弼，棐，輔，比，俌也。"郭注云："俌，猶輔也"；《說文》人部義並同。《苟子[1]・臣道篇》云："有能比知同力，率羣臣百吏而相與彊君撟君；君雖不安，不能不聽，遂以解國之大患，除國之大害。尊君安國謂之輔。"楊注："撟，與矯同，屈也。"此言輔弼之臣，能矯正君之過失而服之；所謂責難於君，即上文所望於君"為其所難"之義。

諂下傷上。

畢云："言佞人病國與偪臣同。"愚案：畢說偪臣非。《呂氏春秋・圜道》篇"聖王法之所以立上下"，高注："上君下臣"；此下即臣，上即君。字與下文"上必有詻詻之下"同，義與上文"俌臣撟君"對。《國語・晉語一》，"有縱君而無諫臣，有冒上而無忠下，君臣上下，各饜其私以縱其回。"其以君臣上下並言，可證。此戒為君者，勿為其所

[1] 《苟子》，當爲《荀子》。——編者註

欲，始可免其所惡也。

吴起之裂其事也。

蘇云："墨子嘗見楚惠王，而吳起之死，當悼王二十一年，上距惠王之卒，已五十一年，疑墨子不及見此事，此蓋門弟子之詞也。"汪中說同。孫云："《魯問》篇，墨子及見田齊太公和，和受命為諸侯，當楚悼王十六年，距起之死僅五年耳。況《非樂上》篇說'齊康公興樂萬'，康公之薨，復在起死後二年；然則此書雖多後人增益，而吳起之死，非墨子所不及見明矣。蘇說考之未審。"愚案：蘇、汪二說均甚塙，孫說不盡可信。此篇並《魯問》《非樂》均非墨子自著。攷墨子生成時，或及見齊康公與田和，斷不及見田和受命為諸侯，及吳起之死，詳《墨子年代考》。

故能大聖人者，事無辭也，物無違也，故能為天下器。

上"能"字疑衍，當刪。大聖人事至而曲成，物來而順應，蓋德備用弘也。《論語》曰："君子不器"，即是天下器。

王德不堯堯。

畢云："《說文》云：'堯，高也，从垚在兀上，高遠也。'《白虎通》云：'堯：猶嶢，嶢至高之貌。'"愚案：畢說是也。王德不堯堯，即老子所謂"聖人終不自為大，故能成其大"。

其直如矢。

老子曰："大直若屈"，以能隨物而直也。今直如矢，不能隨物而直，不大可知。下句類此。

逝淺者速竭。

王引之云："'逝淺'二字義不相屬，'逝'當為'遊'，俗書'游'字作'遊'，與'逝'相似而誤。'遊'，即'流'字也。《曲禮》注：'士視得旁遊目五步之中'，《釋文》：'遊，作游，云徐音流'，'流淺'與

'谿陝'對文。"俞云："逝，當讀為'澨'，古字通也。《詩·有杕之杜》篇：'噬肯適我'，《釋文》曰：'噬，《韓詩》作逝。'然則'逝'之通作'澨'，猶'逝'之通作'噬'也。成十五年《左傳》'則決睢澨'；《楚辭·湘夫人》篇'夕濟兮三澨'；杜預、王逸注，並曰：'澨，水涯。''澨淺'與'谿陝'對文。因叚'逝'為'澨'，其義遂晦。"孫云："王說近是。"愚案：俞說固非，王說亦迂曲。《論語·子罕》篇"逝者如斯夫"，逝，即川流意。不必破"逝"為"遊"，謂即'流'字也。

修身

君子戰雖有陳，而勇為本焉；喪雖有禮，而哀為本焉；士雖有學，而行為本焉。

俞云："'君子'二字，衍文也。此蓋以'戰雖有陳，喪雖有禮'二句，起'士雖有學'一句；若冠以'君子'二字，則既言君子不必又言士矣。馬總《意林》作'君子雖有學，行為本焉，戰雖有陳，勇為本焉，喪雖有禮，哀為本焉'，與今本不同。然有'君子'字，即無'士'字；亦可知今本既言君子又言士之誤矣。'士雖有學'與'君子雖有學'，文異而義同。"孫云："《說苑·建本》篇載孔子語與此略同。君子似非衍文，亦見《家語·六本》篇。"愚案：君子所以陪士，非衍。《家語》首列'立身有義矣，而孝為本'；《說苑》同，惟"身"作"體"。此宗法道德，墨家不取，知墨儒所由異趣也。

是故置本不安者，無務豐末。

俞云："者，衍字也，下文上句並無'者'字，是其證。"愚案："者"字非衍。上文"士雖有學而行為本焉"，為一篇之主眼。此二句蓋緊跟上文，總冒下文，不得與下列四端並論也。

君子力事日彊，願欲日逾，設壯日盛。

孫云："'逾'當讀為偷，同聲叚借字，此與'力事日彊'文相對。《禮記·表記》云：'君子莊敬日强，安肆日偷'，鄭注云：'偷，苟且也。'此義與彼正同。"畢云："設壯，疑作飾莊。"愚案：孫說非，畢說近是，特不必破字耳。《表記》"莊敬日強，安肆日偷"二句，一正一反，相對為文。言君子所以莊敬日強者，防其安肆日偷也。此三句順次遞進為文。願欲謂志願，非安肆義。《呂氏春秋·務大》篇："此所以欲榮而逾辱也。"注："逾，益也。"《說文》："設，施陳也。"壯，通莊；《詩·君子偕老》箋，'顏色之莊與'，《釋文》本又作壯。言君子任事則日益勤勉，心志則日益遠大，儀容則日益從容中道也。

出於口者，無以竭馴。

孫云："馴：猶雅馴，謂出口者皆典雅之言。"愚案：孫說未審，後文言"無務為文"，固墨學家法。馴：善也，見《廣雅·釋詁》。此謂善言不竭於口。

徧物不博。

俞云："徧，亦辯也；《儀禮·鄉飲酒禮》'衆賓辯有脯醢'；《燕禮》'大夫辯受酬'；《少牢饋食禮》'辯擩於三豆'。今文'辯'皆作'徧'，是'辯'與'徧'通。用物言'徧'，是非言'辯'，文異而義同。"愚案：俞說未允。《說文》："徧，帀也，博，大通也。"此言遇物不能通其理，《荀子·修身》篇"多聞曰博，少聞曰淺"，不博則淺陋必矣。

言無務為多而務為智，無務為文而務為察。

《釋名·釋言語》云："智，知也，無所不知也。"《說文》云："察，覆審也。"墨者家法尚樸，故言不務多而文，而務為智與察者，在在必明其“故”而通其“類”也。此其立辯之精神也。

所染

此篇教人慎始。《荀子·勸學》篇，疑本此而作。

五入必而已則為五色矣。

“必而已”三字衍。當據《太平御覽》刪。

法儀

孫云：“此篇所論，蓋《天志》之餘義。”愚案：《天志》明天愛利之兼，此篇明人當法天之兼，主旨微有不同。

七患

孫云：“以下二篇所論，皆節用之餘義。”愚案：此篇不盡屬節用之餘義，亦教人嚴密為備，防患於未然也。

徹驂騑。

畢云：“高誘注《呂氏春秋》云：在中曰服，在邊曰騑。”愚案：《文選·陽給事誄》“如彼騑駟，配彼驂衡”，注：“服謂中央兩馬。夾轅者，在服之左曰驂，右曰騑。”

先民以時生財。

《管子·霸言》篇曰："精時者日少而功多。"今日競尚鐵路之敷設、電綫之延長者，胥此道也。

心無備慮，不可以應卒。

備：預早為之也，見《華嚴經音義》。《大戴記·小辨》篇"事戒不虞曰知備。"《史記·仲尼弟子列傳》"慮不先定，不可以應卒"；《索隱》："卒，謂急卒，卒有非常之事。"蓋"預備"為一美德，故經典重之。

辭過

畢云："過，謂宮室、衣服、飲食、舟車、蓄私五者之過也。"孫云："此篇與《節用》篇文義略同。《羣書治要》引并入《七患》篇，此疑後人妄分，非古本也。"愚案：《節用》僅存上、中二篇，闕下篇。此篇言宮室、衣服、飲食、舟車、蓄私，與上、中二篇符合，疑即《節用》之下篇。後人以脱移故，或誤與《七患》合為一篇，後又分而妄立《辭過》之名也。

就陵阜而居，穴而處。

孫云："'穴'上疑挩'一'字。"愚案：《節用中》篇"因陵丘堀穴而處焉"，此"穴"上似當據補一"堀"字。

大國累百器，小國累十器，前方丈。

王云："《太平御·覽治道部八》，引作'前則方丈'，句法較為完足。"孫云："《孟子·盡心》篇云：'食前方丈'，趙岐注云：極五味之饌食，列前方一丈。"愚案：《太平御覽》作"前則方丈"，"則"或由"列"形近而譌，今當於"前"上，從孫校增"列"字。

凡囘於天地之間。

孫云：“‘囘’字譌。”愚案：不譌。囘：“回”古字，《説文》口部云：“轉也，從口中象回轉形”，謂大化囘轉於天地之間，義甚顯明。

三辯

畢云：“此辯聖王雖用樂，而治不在此。三者，謂堯、舜及湯，及武王也。”孫云：“此篇所論，蓋《非樂》之餘義。”愚案：此篇除“其樂逾繁其治逾寡，并貶湯武環天下自立，無大後患，又自作樂”云云外，無足取。在墨書中殊嫌其贅，無獨立成篇之理。疑本《公孟》篇中，程子與墨子問答之辭，篇首“程繁問於子墨子曰”可證。校者以墨子非樂，三代聖王亦在所貶，特揭出以立篇耳。《公孟》篇中有子墨子與程子辯之文，即“三辯”立名之所本。

尚賢上

畢云：“《説文》云，‘賢，多才也。’《玉篇》云：有善行也。”愚案：墨子所尚之賢，異乎老子所不尚之賢。蓋老子不尚失德之賢，正欲入官者以德就列；墨子所尚者有道之士，正欲其以道佐人主；其旨一也。鶡冠子學本老子，亦著《世賢》，可見賢之名同，賢之實各殊也。

譬之富者有高牆深宮。牆立既謹，上為鑿一門。

孫云：“牆立既，疑當作‘宮牆既立’，‘宮’字涉上而挩；‘既立’又誤作‘立既’，遂不可通。‘僅上’疑當為‘謹止’，《辭過》篇云：‘謹此則止’，謹止為鑿一門。‘謹’與‘僅’通。言於牆閒纔開一門，不敢多為門戶也。”愚案：孫說疑‘上’當為‘止’是，餘校並非。牆因宮立，“宮”字可不重，非涉上挩。“立既”亦不誤，當以“牆立既謹”為句，“止為鑿一門”為句，則通矣。並不必通“謹”為“僅”。《荀子·王制》篇“謹其時禁”注：“謹，嚴也。”言為宮立牆，既已謹嚴，而牆上止鑿一門，不二門。

故當是時，雖在於厚祿尊位之臣，莫不敬懼而施。

畢云：“下疑脫一字。”俞云：“畢非也。施，當讀為惕。《尚書·盤庚》篇‘不惕予一人’，《白虎通·號》篇引作‘不施予一人’，是也。敬懼而施，即敬懼而惕，文義已足，非有闕文。”愚案：俞說亦未允。“惕”義與“敬懼”重，未若本文義明且當。《論語·為政》篇：“施於有政”，《皇疏》“施，行也。”

尚賢中

故先王之言曰，此道也，大用之天下則不窕，小用之則不困。

窕，畢校本作“究”。畢云：“一本作窕，非。”王云：“作窕者是也。”孫云：“《尚同中》篇亦云：‘大用之治天下不窕’，今據正。《管子·宙合》篇‘其處大也不窕’，今本亦誤‘究’，與此正同。說詳《尚同中》篇。”愚案：“大用之治天下不窕”，見《尚同下》篇，兩“中”字並誤。《淮南子·原道訓》，“處小而不逼，處大而不窕”，高注：“在小能小，在大能大。”

則此言聖人之德，章明，博大，埴固以修久也。

畢云：“‘埴’訓黏土，堅牢之意。”孫云：“《淮南子·泰族訓》

云：勇者可令埴固。”愚案：《中庸》言聖人與天地合德，“博厚配地，高明配天，悠久無疆。”義與此同。

尚賢下

則王公大人之親其國家也，不若親其一危弓、罷馬、衣裳、牛羊之財與。

孫云：“親，疑並當作‘視’。”愚案：孫說未允。親：《孟子·滕文公上》“信以為人之親其兄之子”，注：“愛也”。

其所賞者，已無故矣。

王云：“故，乃‘攻’字之誤，‘攻’、‘故’字相似，又涉上文‘無故富貴’而誤。攻，即‘功’字也。‘無功’與‘無罪’對文。”愚案：本文“無故”即無功之義甚明，王說迂曲。

尚同上

孫云：“《漢書·藝文志》作‘上同’，注如淳云，言皆同可以治也。”愚案：尚同以天為極，即道也，衆心本同而一者也。《莊子·天地》篇曰：“大聖之治天下也，舉滅其賊心，而皆進其獨志；欲同乎德而心居矣。”即此“尚同”之微旨也。《文子·自然》篇：“老子曰：古之立帝王者，非以奉養其欲也；聖人踐其位者，非以逸樂其身也；為天下之民，強陵弱，衆暴寡，詐者欺愚，勇者侵怯；又為其懷智詐不以相教，積財不以相分，故立天子以齊一之。為一人之明不能徧照海內，故立三公九卿以輔翼之。為絕國殊俗不得被澤，故立諸侯以教誨之。是以天地四時，無不應也。官無隱事，國無遺利，所以衣寒食飢，養老弱，息勞倦，無不以也。”大旨與此篇同。是為墨學多同於道家之證。

古者民始生未有刑政之時，蓋其語曰，天下之人異義，是以一人則一義，二人則二義，十人則十義；其人茲衆，其所謂義者亦茲衆；是以人是其義，以非人之義。

其語下“曰天下之”四字，從俞校增。案此人各一義之義，顯係失仁而後有之義，固老子所必棄，亦墨子所不貴也。故貴上同於天，一同天下之義以正之。是知墨子貴義，與老子棄義，似相反，實相成。

尚同中

故當若天降寒熱不節，雪霜雨露不時，五穀不孰，六畜不遂，疾菑戾疫，飄風苦雨，荐臻而至者，此天之降罰也，將以罰下人之不尚同乎天者也。

《書·洪範》篇：“曰休徵，曰咎徵”，顯示天人之際，感應之微。《漢書·五行志》本之。《中庸》“致中和，天地位焉，萬物育焉”，朱注：“天地萬物，本吾一體，吾之心正，則天地之心亦正；吾之氣順，則天地之氣亦順。”《文子·精誠》纘義：“天人一氣，隱顯相通，和氣致祥，沴氣致殃，未有不由人主者也。”從知天降云者，乃順俗權說；實皆人為自感召之。

以求興天下之利，除天下之害，是以率天下之萬民。

孫刻本：落“天下之利除”五字。

夫唯能使人之耳目，助己視聽；使人之吻，助己言談；使人之心，助己思慮；使人之股肱，助己動作；助之視聽者衆，則其所聞見者遠矣；助之言談者衆，則其德音之所撫循者博矣；助之思慮者衆，則其謀度速得矣；“謀”上舊有“談”字，從王校刪**助之動作者衆，即其舉事速成矣。**

《文子·上仁》篇。“以天下之目眎，以天下之耳聽，以天下之心慮，以天下之力爭；故號令能下究，而臣情得上聞，百官修達，羣臣輻輳。”亦見《淮南子·主術訓》《管子·九守》篇，亦有文與此略同。

尚同下

是故大用之治天下不窕，小用之治一國一家而不横者，若道之謂也。

畢云：“《爾雅》云：‘窕，閒也。’猶云‘無閒’。”王云：“畢說非也。窕，不滿也。横，充塞也。《孔子閒居》‘以横於天下’，鄭注：‘横，充也。’《祭義》曰‘置之而塞乎天地，溥之而横乎四海’，以小居大則窕，以大入小則塞；唯此尚同之道，則大用之治天下而不窕，小用之治一國一家而不塞也。《大戴·記主言》篇曰：‘布諸天下而不窕，內諸尋常之室而不塞。’又云：《廣雅》曰，‘窕，寬也。’昭二十一年《左傳》，‘鍾小者不窕’；杜注曰：‘窕，細不滿也。’《呂氏春秋·適音》篇‘不詹則窕’，高注云：窕，不滿密也。”愚案：横，《孟子·告子下》“衡於慮而後作”，朱注：“衡，與‘横’同；横，不順也。” 不横，謂無不循理而順。《尚賢中》篇‘小用之則不困’，義同。

故唯毋以聖王為聰耳明目與？豈能一視而通見千里之外哉？一聽而通聞千里之外哉？聖王不往而視也，不就而聽也。

《荀子・君道》篇："故天子不視而見，不聽而聰，不慮而知，不動而功，塊然獨坐，而天下從之如一體，如四支之從心。"義同。《新書・修政語上》"大禹之治天下也，諸侯萬人，而禹一皆知其體，故大禹豈能一見而知之也？豈能一聞而識之也？諸侯朝會而禹親報之，故是以禹一皆知其國也。其士月朝而禹親見之，故是以禹一皆知其體也。"義與此略同。

凡使民尚同者，愛民必疾。"必"舊作"不"，從孫校改

孫云："《呂氏春秋・尊師》篇，高注云：疾，力也。"愚案：尚同之極天理渾然，人已兩忘，自必視人如已，愛之惟恐不力。

兼愛上

孫云："邢昺《爾雅疏》引《尸子・廣澤》篇云：墨子貴兼。"愚案：兼者，"融冶二儀，蕩滌萬有"，《肇論》玄得釋形去智，物我一如也。愛者，動以天行，化暴成仁，本大慈悲，繁興妙用也。兼即愛之體，愛即兼之用。《管子・版法》篇曰："兼愛無遺。"《立政九敗解》曰："人君唯毋聽兼愛之説，則視天下之民如其民，視國如吾國，如是則無并兼攘奪之心，無覆軍敗將之事。"《淮南子・主術訓》曰："兼包萬國，一齊殊俗，并覆百姓，若合一族。"義均本此。

兼愛下

然即敢問不識將惡也家室奉承親戚。

俞云："'惡'下脱'從'字，'將惡從'也，猶云'將何從'也。下文曰'不識將擇之二君者，將何從也'，是其證。"蘇云："句有脱誤，'也'字疑當作'託'。"戴云："'也'字乃'宅'字之誤，二形相似。宅，居也。或云'侂'字誤，'侂'即託。"孫云："俞校近是，據此則下文'家室'上，當有脱文。下云'寄託'，則此不當云'託'，蘇、戴說非。'"愚案：孫說近是，而義則仍未允。今以意審校："惡"下當從俞校增"從"字。"也"字衍，當刪。疑當作"然即敢問有家室者，不識將惡從奉承親戚"。今本"家室"上捝"有"字，下捝"者"字，又由"不識"上倒箸於下，"從"又譌為"也"，遂不可通矣。

兼君之言若此，行若此，然即交若之二君者。

戴云："'然即交'三字無義，當是衍文。"孫云："以上文校之，疑當作'然即交兼交别若之二君者'，今本交下捝三字耳，戴校未塙。"愚案：孫說謬，戴校是也。前"兼士之言若此，行若此，若之二士者"，與此相對成文，中間無"然即交"三字，可證。當據刪。

非攻上

孫云："《淮南子・氾論訓》高注云：非，猶譏也。"愚案：墨子兼愛，視人猶已，故非攻，以一天下之和。《莊子・天下》篇曰："其道不怒。"想見其有親無怨，胞與之量至宏也。《荀子》有《議兵》篇，其迹多同，其神迥異也。

非攻中

今師徒唯毋興起，冬行恐寒，夏行恐暑，此不可以冬夏為者也。春則廢民耕稼樹藝，秋則廢民穫斂。

孫云："此下依上文或當有'此不可以春秋為者也'句。"愚案：孫校是也，當據增。《司馬法·仁本》篇："戰道不違時，不歷民病，所以愛吾民也；冬夏不興師，所以兼愛民也。"《禮·月令》"春夏不起兵"，均與此略同。今國際戰時公法，遠不及此文明。

又與矛戟戈劍乘車其列住碎折靡弊而不反者。

孫云："'與'下當依下文補'其'字。'列住'二字誤，畢以意改'歾往'，蓋以'往'屬下為句，與上文同。然'其歾'二字，仍與上下文並不屬。竊疑當作'往則'，讀'其往則碎折靡弊而不反者'十一字句。今本'往'譌'住'，'則'譌'列'，又倒'其'，文遂不可通耳。"愚案："列"上"其"字，當從孫校移"與"下。畢改"列"為"歾"，非。改"住"為"往"是也。孫疑"列住"當作"往則"，"則"譌"列"，未塙。"列"字實不譌。惟"列"上疑挩"比"字，當增。後文"比列其舟車之衆"可證。"列"下並當增"而"字，作"又與其矛戟戈劍，乘車比列而往，碎折靡弊而不反者"，則通矣。

今有醫於此，和合其祝藥之于天下之有病者而藥之。

畢云："'祝'謂'祝由'，見《素問》。或云'祝藥'，猶言疰藥，非。一本無'祝'字，非也。" 孫云："畢說非也。《周禮》瘍醫，掌腫瘍、潰瘍、金瘍、折瘍之祝藥。鄭注云：'祝'當為'注'，讀如'注病'之'注'，聲之誤也。'注'謂附著藥。彼'祝藥為劍瘍附著'之

‘藥’，此下文云‘食’，則與彼義異。畢云‘祝由’，又與此書及《周禮》義並不合；不可信也，惠士奇謂‘祝藥猶行藥’，亦未知是否？”愚案：畢說是也。惠說未確。《周禮》足徵古意。鄭注實不合。孫以畢說與此書，及《周禮》義並不合，非之；殊謬。姑先辨鄭注之誤。《周禮》祝、藥、劀、殺，顯屬四事；故須因時而量其宜。腫瘍固可移精祝由療之，餘瘍亦可以祝慰其心意，減痛而增效。《疏》沿《注》之譌云：“疾醫非主祝說之官，為祝則義無所取，故破從注。謂注藥於中，食去膿血。”然則初起腫瘍，未有膿血，若之何？不知古時醫為巫者之事，故“毉”字原從巫。想見古人治病，純任精神。即今催眠術治療法《山海經·海內西經》“開明東，有巫彭、巫抵、巫陽、巫履、巫凡、巫相”，郭璞注：“皆神醫”，可證。迨後人不如往古恬澹，邪易深入；醫師亦不盡為巫；始間用酒治病，故“醫”從酉，省去“水”也。詳拙著《基督神通義證吾國醫道之起原》《周禮》猶存古意，至東漢則古意寖失矣。墨書成於周時，此言“和合其祝藥之於天下之有病者而藥之”，“藥之”之“藥”，《家語·正論解》“不如吾所聞而藥之”注，療也。見其行藥時，祝說與藥物並施，故云“和合”。畢云“祝謂祝由”，未云絕不用藥，與下文“食”字仍甚相應也。

非攻下

夫取天之人，以攻天之邑。

取：通聚。《漢書·五行志》“內取茲為禽”注。

然而又與其散亡道路，道路遼遠。

孫云：“疑衍‘道路’二字。”愚案：非衍。“散亡道路”為句，“道路遼遠”為句，語義各足，非重“道路”二字不可。

彼非所謂攻，所謂誅也。下“所”字從孫校增

孫云：“《說文·言部》云：誅，討也。謂討有罪。與攻無罪之國異。”愚案：孫說是也。此正“攻”與“誅”之名。《司馬法·仁本》篇“是故殺人安人，殺之可也；攻其國愛其民，攻之可也；以戰止戰，雖戰可也。”是即孟子所謂“誅其君而弔其民也”。非攻無罪之國可比。

帝乃使陰暴毀有夏之城。

孫云：“陰，疑‘降’之誤。”愚案：孫說未確。陰：如《書·洪範》“惟天陰騭下民”之“陰”，當在“使”上，疑本作“帝乃陰使暴毀有夏之城”。

以此効大國，則小國之君說。

孫云：“効，亦讀為交。此云‘交大國’，則不宜云‘小國之君說’。疑小國亦當為大國。上文云‘是故古之仁人有天下者，必交大國之說’，是其證。”愚案：孫說非。“大國”下，疑脫“則大國之君說，以此効小國”，十一字。上文云：“大國之不義也，則同憂之；大國之攻小國也，則同救之；小國城郭之不全也，必使修之；布粟之絕，則委之；幣帛不足，則共之。”以意審校，當作“以此効大國，則大國之君說；以此効小國，則小國之君說”，語義始完足。

易攻伐以治我國，攻必倍。

下“攻”字，孫云：“當為‘功’之借字。”愚案：或本作“功”涉上而譌。《孟子·公孫丑上》“故事半古之人，功必倍之。”同。

節用上

墨家節用，蓋欲以質葆真，止天下之亂。老子曰："儉故能廣"；《淮南子·主術訓》曰："非澹薄無以明德"；是其義。太史談僅謂為"家給人足之道"，所知殊淺。今馬克思欲剷除社會階級，務令一羣人彼此間利益無不平等；頗與墨子一揆。然當知此特墨道之粗焉者耳。《荀子·富國》篇，往往難之，誠有所見；特與墨子殊旨耳。案上篇獨不言節飲食，必挩其文。

聖王為政，其發令興事，便民用財也，無不加用而為者。

下"用"字義不可通，或本作"利"，涉上下文而譌。《中篇》"諸加費不加於民利者，聖王弗為"，可證。當據改作"無不加利而為者"，下同。

節用中

凡天下羣百工，輪車、鞼匏、陶冶、梓匠，使各從事其所能，曰凡足以奉給民用則止；諸加費不加於民利者，聖王弗為。

畢云："《史記·李斯列傳》李斯曰：'凡古聖王飲食有節，車器有數，宮室有度，出令造事，加費而無益於民利者禁。'即用此義。"愚案："神農導民，不貴難得之貨，不器無用之物"淮南子·齊俗訓；老子申其義曰："不貴難得之貨，使民不為盜；不見可欲，使民心不亂。"又曰："難得之貨，令人行妨，人多伎巧，奇物滋起。"足見古聖王利民，非獨使之節用以足用；尤重在節性以廣德。今墨家不器無用之物，義與神農、老子同。其欲天下衣食饒溢、姦邪不生、安樂無事而均平者，至矣。

古者聖王制為飲食之法，曰足以充虛繼氣，強股肱，耳目聰明，則止。

薄滋味以養形，即減嗜欲以養神。因五味之調，芬香之和，皆是腐腸毒藥，足以傷生損壽。故老子曰："人之生，動之死地，亦十有三；夫何故？以其生生之厚。"

節葬下

畢云："《說文》云：'葬，臧也。從死在茻中，一其中所以薦之。'《易》曰：'古之葬者，厚衣之以薪。'又云：'節，竹約也'，經典借為約之義。"愚案：老子曰："外其身而身存。"莊子曰："汝身非汝有，是天地之委形也。"皆墨家節葬之旨。

寢而埋之。

孫云："後文云'扶而埋之'，扶：王引之校改'挾'，此'寢'字疑亦'挾'字之誤。"愚案：孫說未確。後文"扶而埋之"，係總上文定論，可從王校改"扶"為"挾"。此"寢而埋之"，謂舉金玉珠璣等物，盡葬埋之。"寢"字實不誤。

滿意。

孫云："滿、意義同。《說文・心部》云：意，滿也。"愚案：孫說非。《增韻》"滿，足也。""意"字本文甚明，不必訓"滿"。"滿"上以意審校，疑當增"而後"二字。

若送從。

孫云：“此當從《公孟》篇作‘送死若徙’。《荀子·禮論》篇云：‘具生器以適墓，象徙道也。’此捝‘死’字，‘送’字誤箸‘若’字之下，‘徙’又誤‘從’，遂不可通。”愚案：孫校是也，當據正。今以意審校：“送死若徙”四字，並當移著“寢而埋之”上，今三句脫“而後”二字，又誤倒，義不可通。疑本作“送死若徙，寢而埋之，而後滿意”。

曰天子殺殉。

畢云：“古只為侚”，孫云：“‘天子’下疑當有‘諸侯’二字。”愚案：孫校是也，當據增。《詩·黃鳥集傳》：“秦穆公卒，以子車氏之三字為殉。”

佴乎祭祀。

畢云：“《說文》，佴，佽也，佽訓便利。”孫云：“佴者，次比之義，言不疏曠也。畢說非。”愚案：孫說亦未得其旨。《廣雅·釋詁》：佽，代也。言從事衣食之財，利羣以代祭祀，斯眞孝親之達道。下文“故曰子墨子之法，不失死生之利者此也”，義甚顯明。蓋墨家視祭祀，未若兼愛交利之重也。《大取》篇曰：“聖人之法死亡亡、忘通親，為天下也”，可證。

天志上

孫云：“《春秋繇露·楚莊王》篇云：‘事君者儀志，事父者承意，事天亦然’，此天志之義也。”愚案：天者，一大積氣耳；特順俗言“天”，蓋一真性體之代名，兼之本也。志者，一真性體之神用，愛之本也。老子曰：“天之道利而不害”；《新約·約翰一書》曰：“上帝亦一真法界之代名惟是愛”；義均與此同。

然則天何欲何惡？天欲義而惡不義。

天之象似在外，其妙用實顯於人心而非外。《書・泰誓中》篇曰：“天視自我民視，天聽自我民聽”，可證。此所謂天，固權說；其為欲為惡，亦何非人心之表現。《孟子・公孫丑》篇曰：“得道者多助，失道者寡助”，皆人心之天為用也。

天志中

又以先王之書，馴天明不解之道也知之。

畢云：“馴，與訓同，言訓釋天之明道。”愚案：畢說是也，今為之圓其說。《荀子・非十二子》篇“閉約而無解”，注：“解，說也。謂訓釋天極光明不易解說之道。”

故唯毋明乎順天之意，奉而光施之天下。

孫云：“光，與廣通。”愚案：孫說未允。“光”字本義，較妙於“廣”。《兼愛下》篇“文王若日若月，乍照光于四方于西土”，可證。

明鬼下

孫云：“《淮南子・氾論訓》作‘右鬼’，高注云：‘右，尊也。’《漢書・藝文志》亦同。顏注引此作‘明鬼神’，疑衍‘神’字。明，謂明鬼神之實有也。”愚案：明鬼神之實有，正欲人皆尊之而止亂也。蓋鬼神者，性道之迹，其為德體物不遺，感無不通者也。故篇中言有天鬼，有山水鬼神，有人鬼，雖有深谿博林幽閒無人之所，施行不可不董；實與《天志》相表裏。墨道之微妙玄通者在此。特其立言無務為文，恆難達其旨耳。說者或譏為多神，或誣為迷信，陋矣！

請惑聞之見之。

孫云："請，當讀為'誠'，'惑'與'或'通。"愚案：《小取》篇曰："或也者，不盡也"，是未定之辭。惑，疑本作"感"，涉上文"疑惑鬼神之有無"而譌。謂誠感於所聞所見，較之或聞或見，與下文"則必以為有"相應，似更有力。

折其脚祧神之。

畢云："疑當云'跳神之社'。"孫云："此有挩誤，羊跳安能敲人使殪，畢說不合事情。"愚案：畢說似可從。中里徼事前神已大虧，臨時隨感而殪；設小羊十百倍者觸之，亦足令其魂消而立斃，殊不為奇。此知心理作用，其力至大也。

施行不可以不董。

顧云："《爾雅》董，正也。"蘇云："董，疑'謹'字之訛。"俞云："'董'字無義，疑堇字之誤。'堇'借為'謹'，言不可以不謹也。《管子・五行》篇'修暨水土以待乎天堇'；尹知章注曰，'堇，誠也。'訓'堇'為'誠'，即讀'堇'為'謹'也。《說文》'堇，古文作墓'，形與'董'相似，故誤。" 孫云："俞說是也。《禮記・內則》'塗之以謹塗'，《玉篇》引作'堇涂'，亦'謹''堇'通用之證。"愚案：顧校是也。蘇俞孫三說均迂曲，蓋施行未有不誠不謹而能正者，不必破"董"為"堇"，通"謹"訓"誠"也。《書・大禹謨》"董之用威"；《傳》"督也"。謂施行時，不可不以鬼神之明督之，亦通。

必擇六畜之勝腯肥倅毛以為犧牲。

畢讀"倅毛"為句，云："'粹'字假音作'倅'，異文也。"劉刪

"勝"字，讀與畢同。顧云："倅字句。"孫云："《素問》王冰注云：'勝者盛也。'《淮南子·時則訓》云：'視肥臞全粹'，高注云：'粹，毛色之純也。'又《齊俗訓》云：'犧牛粹毛宜於廟牲'，此畢所本。依其讀，則'勝'當為衍文。但以文例校之，似顧讀為長。《周禮·小宗伯》'毛六牲'；鄭注云：'毛，擇毛也。'《牧人》'凡陽祀用騂牲毛之，陰祀用黝牲毛之'；注云：'毛之，取純毛也。'《山海經·南山經》郭注云：'毛，言擇牲取其毛色也。'"愚案：句當從畢校；顧讀非。"勝"形近"腯"，因譌而衍，當從劉校刪。孫斷"毛以為犧牲"為句，引《周禮》鄭注"毛，擇毛也"云云，義已包於"必擇六畜"中。若以既擇六畜後，又專擇毛色，殊不確，不可從。

王乃命左右六人，下聽誓于中軍。

"下"字疑涉上"六"字草書而衍，當刪。

萬年梓株。

孫云："未詳。"愚案：疑為鹿臺之財之屬，上有挩文。

然不能以此圉鬼神之誅。

湯、武之誅桀、紂，非湯、武能誅之；蓋湯、武之性德，通乎鬼神者，不忍萬民之塗炭，不得不誅之，是猶鬼神誅之；實則鬼神亦不能誅之，乃桀、紂不明乎"自然之道不可違"，《陰符經》自作惡業自誅之。

非樂上

孫云："《荀子·富國》篇楊《注》云：墨子言樂無益於人，故作《非樂》篇。"愚案：墨家務"形勞天下"。為樂，恐致奢靡成性，厲民自養；而且耗財廢時，使舉國上下不能賴其力以生而亂；故力非之。

蓋憫當時社會文勝之極敝，乃挺身與抗，而欲反之質。《淮南子·主術訓》曰："及至亂主，取民則不裁其力，求於下則不量其積，男女不得事耕織之業以供上之求，力勤財匱，君臣相疾也。故民至於焦脣沸肝，有今無儲，而乃始撞大鐘，擊鳴鼓，吹竽笙，彈琴瑟，是猶貫甲胄而入宗廟，被羅紈而從軍旅，失樂之所由生矣。"可為墨子非樂之確詁。《荀子·富國》篇云："墨子大有天下，小有一國，將蹙然衣麤食惡，憂戚而非樂"，因作《樂論》以敵之，蓋尚質尚文異趣也。按《樂經》或因墨子非樂而絕。

非以刻鏤華文章之色。

"華"字宜從畢校刪。

昔者齊康公興樂萬。

畢云："案《史記》康公，名貸，宣公子，當周安王時。"孫云："齊康公與田和同時，墨子容及見其事；但康公衰弱，屬於田氏，卒為所遷廢，恐未必能興樂如此之盛。竊疑其為景公之誤，惜無可校諭也！"愚案：齊康公在位二十六年，當十九年為田氏所遷廢，其昏庸必矣。或當未遷時，恣情興樂，亦無足異，未必為景公之誤。惟齊康公元年，當楚惠王卒後二十八年；以孔子卒於楚惠王十年，惠王在位五十七年推之，即孔子卒後七十五年。以墨子與楚惠王同時，當生於孔子四十歲以後論，詳《墨子之年代攷》❶知齊康公元年，墨子已百歲上下，墨子壽考，或及見康公即位。但康公興樂，未必在初即位時，亦為墨子所及見；況稱"昔者"，又不知在興樂後幾何年，始書其事。足徵《非樂》諸篇，為墨子後三家所記，非出墨子之手無疑。即知墨子不及見康公之興樂無疑。

❶ 當爲"附錄"之"墨子年代攷"篇。——編者註

非命上

孫云："《漢書・藝文志》注，蘇林云：'非有命者，言儒者執有命，而反勸人修德積善，政教與行相反，故譏之也。'如淳云：'言無吉凶之命，但有賢不肖善惡。'《祭法》孔《疏》，引《孝經援神契》云：'命有三科：有受命以保慶，有遭命以謫暴，有隨命以督行。受命謂年壽也，遭命謂行善而遇凶也，隨命謂隨其善惡而報之。'《白虎通義・壽命》篇及王充《論衡・命義》篇，說"三命"略同。墨子所非者，即三命之說也。"愚案：儒家執有命：如《論語・雍也》篇："伯牛有疾，子問之，自牖執其首，曰：亡之命矣夫！斯人也，而有斯疾也！"《憲問》篇："子曰：道之將行也與？命也；道之將廢也與？命也；公伯寮其如命何！"參觀《墨儒之異同》五類皆墨子所必非者。墨子以命由已立，宜大造就，不可暴棄；若執有命之說，適足挫折人之朝氣，令社會無由振興也。《書・高宗肜日》篇曰："惟天監下民，典厥義，降年有永有不永；非天夭民，民中絕命"，或其所本。《孟子・盡心》篇云：修身所以立命；《荀子・非相》篇云：相形不如論心，皆感於非命而言。然孟子究未脫孔門習氣，如曰"吾之不遇魯侯，天也"《梁惠王下》。天即命之異名。設在墨子，必曰"吾自有義愛利天下，無須見魯侯也"。

命壽則壽，命夭則夭，命……

王云：此下有捝文，不可考。"愚案：疑捝"窮則窮，命達則達，命賞則賞，命罰則罰"十五字。《非儒》篇："有強執有命以說議曰，壽夭貧富，安危治亂，固有天命，不可損益，窮達賞罰，幸否有極，人之知力，不能為焉。"則此當繼"壽夭貧富"云：命窮則窮，命達則達，命賞則賞，命罰則罰。言“窮達”者，如前引《論語·憲問》篇云云可證。言“賞罰”者，後文云：“上之所賞，命固且賞，非賢故賞也；上之所罰，命固且罰，不暴故罰也。”可證。

以上說王公大人，下以駔百姓之從事。

畢云：“駔，阻字假音。《說文》云：‘駔從馬且聲。’劉逵注左思《賦》，引《說文》‘於助反’。”愚案：“以上”二字倒，當據下句乙。說，通稅。《禮記·檀弓》“稅驂於舊館”，《釋文》“稅本作說”。《詩·甘棠》“召伯所說”；《釋文》“本或作稅，又作脫同”。《史記·李斯傳》“吾未所知稅駕”；《索隱》“稅駕猶解駕，言休息也”。“大人”下，脫“之聽治”三字。作“上以說王公大人之聽治，下以駔百姓之從事”，正相對為文。後文“今用執有命者之言，則上不聽治，下不從事”，並《公孟》篇“又以命為有，為上者行之，必不聽治矣；為下者行之，必不從事矣”，可證。

故言必有三表。何謂三表？子墨子言曰：有本之者，有原之者，有用之者。於何本之？上本之於古者聖王之事；於何原之？下原察百姓耳目之實；於何用之？廢以為刑政，王云“廢”讀為“發”，古字通觀其中國家百姓人民之利。此所謂言有三表也。

此墨家論理學，注重實驗之一特色。詳釋《小取》。

非儒下

畢云：“《孔叢·詰墨》篇，多引此詞。此述墨氏之學者，設師言以折儒也。故《親士》諸篇，無‘子墨子言曰’者，翟自著也；此無‘子墨子言曰’者，門人小子臆說之詞，並不敢以誣翟也。例雖同而事異，後人以此病翟，非也。《說文》云：儒，柔也；術士之稱。”孫云：“《荀子·儒效》篇云：‘逢衣淺帶，解果其冠，略法先王，而足亂世術。繆學雜舉，不知法後王而一制度，不知隆禮義而殺詩書。其衣冠行僞，已同於世俗矣；然而不知惡者。其言議談說，已無異於墨子矣；然而明不能分別。呼先王以欺愚者，而求衣食焉，得委積足以揜其口，則揚揚如也。隨其長子，事其便辟，舉其上客，億然若終身之虜，而不敢有他志，是俗儒者也。’是周季俗儒，信有如此所非者；但并以此非孔子，則大氐誣詆增加之辭。儒墨不同術，亦不足異也。畢氏強為之辯，理不可通。”愚案：孫說是也。惟謂儒墨不同術，宜有辨。《荀子·儒效》篇云：“其言議談說，已無以異於墨子矣，然而明不能分別”，足徵儒墨異同，不易剖析。如《親士》《修身》《所染》《尚賢》《貴義》《非攻[1]》二家有何不同；而《尚同》《天志》《節用》《七患》亦不盡異。所異者，《非樂》《非命》《節葬》《明鬼》《兼愛》耳。然除樂為美術，儒所必重外，餘皆互有異同處甚多。詳後《墨儒之異同》要約言之，二家門戶，分於一兼，兼則尊卑勞逸生死人已，一無等差；不能兼則反是。蓋墨道之大，頡頏、農家、道家，自與儒家斤斤於世教宗法，有大異其趣者。若夫荀卿儒者，《非十二子》篇，且言子思、孟軻之罪，並賤子張、子夏、子游三氏之為儒，則儒家末流之弊滋多，無足異也。《莊子·田子方》篇曰：“以魯國而儒者一人耳”，則真儒之難為，益可知矣。案《尚賢》《尚同》《天志》《非命》等，都為三篇，蓋墨離為三，各述所聞說書，校者强分上中下以識別之。故諸篇中，莫不數見“子墨子”之稱；足徵其祗承師訓，所以文有出入，大旨胥同。獨此篇為墨家後輩學養未深者所出；今雖存下篇，謂闕上篇，余決不信如《明鬼》《節葬》《非樂》之出自三家，皆有三篇而闕。即其獨無中

[1] 當爲“攻”。——編者註

篇，可證。觀其辭旨，自篇首至“此君子之道也”，固為儒家可指斥者；其中自“繁飾禮樂以淫人”至“此衣食之端也”，《荀子·非十二子》篇亦非之。其餘或為《節葬》《非命》之緒餘，或為《耕柱》《公孟》所已道，要旨無多，自“以所聞孔某之行”至終，辭涉誣詆無疑。蓋《非樂》《非命》《非儒》，皆墨家勞農主義之要綱也。

是妻後子與父同也。

“父”下，當據上下文增“母”字。

若以尊卑為歲月數。

“月”下當據上文增“之”字。

富人有喪，乃大說喜曰，此衣食之端也。

孫云：“此與荀子所謂‘得委積足以揜其口，則揚揚如也’者相類。”墨[1]案：《非十二子》篇“偷儒憚事，無廉恥而嗜飲食，必曰君子固不用力，是子游氏之賤儒也”，洵有如墨氏所非者。

揜函弗射。

孫云：“揜，吳鈔本作‘掩’。《禮記·表記》鄭《注》云：‘揜，猶困迫也。’案‘函’疑‘亟’之形誤，下同。詳《魯問》篇。《儀禮·聘禮》鄭《注》云：‘賓之意不欲奄卒主人也’，此‘揜亟’亦奄卒之意，謂敵困急則不忍射之也。《韓非子·外儲說左上》云：‘宋襄公曰，寡人聞君子曰，不推人於險，不迫人於阨’，即此義。又疑‘函’當為‘臽’之誤。《說文》臼部云，‘臽，小阱也。’今經典通作‘陷’。《漢書·司馬遷傳》‘函糞土之中而不辭’；《漢紀》‘函’作‘陷’，於義亦通。”愚案：孫說迂曲，不可從。揜，《方言》：“揞、揜、錯、摩，藏也。”吳揚曰“揜”。《孟子·公孫丑上》“函人惟恐傷人”；《集注》，“函，甲也。”揜函，猶言藏其甲，示不敢敵也。“揜函弗射”，即《司馬法·

[1] 當爲“愚”。——編者註

仁本》篇“不校勿敵”之義，儼然今之國際戰時公法也。

暴亂之人也得活，天下害不除。

王云：“‘也’字涉上下文而衍，此言暴亂之人為天下害，聖人興師誅罰，將以除害也；若用儒術，令士卒曰毋逐奔云云，則暴亂之人得活，而天下之害不除矣。是‘暴亂之人’下本無‘也’字。”愚案：王校是也。“也”字當據刪，而“害”上又當增“之”字。

齊景公問晏子曰：孔子為人何如？晏子不對。公又復問不對。

孫云：“吳鈔本無‘復’字。”愚案：當作“公又問，復不對”。

機服勉容。

盧云：“《晏子》作‘異於服勉於容’。”孫云：“《大戴禮記·本命》篇盧注云：機，危也。危服，蓋猶言危冠。勉，‘俛’之借字，《考工記·矢人》：‘前弱則俛’；《唐石經》：‘俛’作‘勉’，是其證也。‘機服勉容’，言其冠高而容俛也。”愚案：孫謂“勉，俛之借字”非。勉容，謂勉為容貌，即繁飾禮文之義。

經說合篇

畢云：“此翟自著，故號曰經，中亦無‘子墨子曰’云云。按宋潛谿云：上卷七篇號曰經，中卷下卷六篇號曰論。上卷七篇，則自《親士》至《三辯》也；此經似反不在其數。然本書固稱經，詞亦最古，豈後人移其篇第與？唐、宋傳注亦無引此，故譌錯獨多，不可句讀也。”孫云：“以下四篇，皆名家言，又有算術，及光學、重學之說；精眇簡奧，未易宣究。其‘堅白異同’之辯，則與公孫龍書，及《莊子·天下》篇所述惠施之言相出入。莊子又云：‘相里勤之弟子，五侯之徒；南方之墨者，苦獲、已齒、鄧陵子之屬，俱誦墨經，而倍譎不同，相謂別墨。以'堅白同異'之辯相訾，以'觭偶不仵'之辭相應。'莊子所言，即指此經。《晉書·魯勝傳》：注《墨辯敍》云：'《墨辯》有上下經，經各有說，凡四篇，與其書衆篇連第，故獨存。'亦即此四篇也。《莊子·駢拇》篇又云：'駢於辯者，纍瓦結繩，竄句遊心於堅白同異之間，而敝跬譽無用之言非乎，而楊墨是已。'據莊子所言，則似戰國之時，墨家別傳之學，不盡墨子之本恉。畢謂翟所自著，攷之未審。凡經與說，舊並旁行，兩截分讀，今本誤合并寫之，遂掍淆譌挩，益不可通。今別攷定附著於後，而篇中則仍其舊。"愚案：畢說"此翟自著"，是也。即其辭旨精眇簡奧，獨異諸篇，可證。又獨此上下二篇稱經，經各有說，其體例與《天志》《兼愛》等各有三篇，出自三家者迥殊。即知三家所說之書，不能稱經，亦其證。又《莊子·天下》篇曰，"其道不怒，又好學而博不異"；是為墨子兼愛，並著經明兼之括論。又曰"相里勤之弟子，五侯之徒，南方之墨者，苦獲、已齒、鄧陵子之屬，俱誦墨經"，并晉魯勝《墨辯注敍》曰："墨子著書作辯經，以立名本"，皆其確證。

此經蓋墨子自著，用教學者，以分析名相始，以遣除名相終也，大抵《經上》舉名擬實而立定義，皆演繹法；故經文莫不注重句首之標題；《經下》破除俗見而入正理，皆歸納法；故經文莫不注重句末之結論。墨道之大繫乎此，儼然佛教之有相宗，蓋藉形下之學，以通形上之道；使人皆受用不盡。是猶莊周一間未達者，豈他人能勝任哉？《莊子·齊物論》未始非感於墨經而作，如曰："天地與我並生，而萬物與我為一"，是即墨道之所以為兼也。曰"請言其畛，有左有右，有倫有義，有分有辯，有競有爭"，是即《經上》所謂"體分於兼也"。曰："分也者有不分也，辯也者有不辯也"，是即《經下》所謂“無窮不害兼”也。故知墨子著經所以明兼也。《荀子·天論》篇曰：“墨子有見於齊無見於畸。”有以夫。

經各有說，所以暢演經義。其體例猶《管子·版法》《明法》等篇之有解，《心術上》後半即前半之說明。韓非之有內、外《儲說》，亦然。其文辭無異《易·彖》上下、《象》上下，公、穀、左三傳，適是當時文字。且辭約旨微，決非墨子未能確明定義，詳悉宣示。後世墨者，無此識力，不能為也。用敢斷定《經》上下、《經說》上下四篇，并《大取》《小取》，皆墨子自著無疑。蓋名學原始於書契，而墨子實始辯異同以成家，胥是賴焉。《閒詁》仍誤合并寫之舊，是其疏也，不可從，今師魯勝引說就經之意，依經旁行上下次序釐定之。

經上篇旁行句讀上行	經上篇旁行句讀下行
一故：所得而後成也。**說**故：小故，有之不必然，無之必不然；大故，有之必然，“然”字從孫校增無之必不然。“之必不”三字從孫校增若見之成見也。	五〇止：以久也。**說**止：無久之不止，當牛非馬；若矢過楹。有久之不止，當馬非馬；若人過梁。
二體：分於兼也。**說**體：體也者有端；五字移此並改“若”為“者”，箋詳若二之一，尺之端也。	五一必：不已也。**說**必：謂臺執者也。若弟兄，一然者，一不然者，必不必也，是非必也。
三知：材也。**說**知材：知也者，所以知也，而必知。若“明”。	五二平：同高也。
四慮：求也。**說**慮：慮也者，以其知有求也，而不必得之。若“睨”。	五三同：長以正相盡也。**說**同：捷與往之同長也。“往”舊作“狂”，從孫校改

五知：接也。說知：知也者，以其知過物而能貌之。若“見”。

六恕：明也。說恕：恕也者，以其知論物，而其知之也著。若“明”。

七仁：體愛也。說仁：愛己者，非為用己也。不若愛馬者。“者”舊作“著”，下又衍“若明”二字，今據孫校正

八義：利也。說義：志以天下為芬，孫校疑“芬”為“愛”之誤而能能利之，不必用。

九禮：敬也。說禮：貴者公，賤者名，而俱有敬僈焉；等異論也。

一〇行：為也。說行：所為不善名，行也，所為善名，巧也。若“為盜”。

一一實：榮也。說實：其志氣之見也，使人如己。不若金聲玉服。

一二忠：以為利而強君也。“君”舊作“低”，從孫校改說忠：不利弱子亥足將入止容。此條經說錯謁太多，箋詳

一三孝：利親也。說孝：以親為愛，而能能利親。不必得。“愛”舊作“芬”，從孫校改

一四信：言合於意也。說信：不

五四中：同長也。說心中：自是往相若也。

五五厚：有所大也。說厚：惟無所大。

五六日中：正南也。

五七直：參也。

五八圜：一中同長也。說圜：規寫交也。“交”舊作“支”，從孫校改

五九方：柱隅四讙也。說方：矩見交也。“交”舊作“支”，從孫校改

六〇倍：為二也。說倍：二尺與尺，但去一。

六一端：體之無序而最前者也。說端：是無同也。

六二有間：中也。說有間：謂夾之者也。

六三閒：不及旁也。說閒：謂夾

以其言之當也。使人視城得金。

一五佴：自佌也。“佌”舊作“作”，從孫校改說佴：與人、遇人、衆揗。“揗”舊作“循”，從孫校改

一六詯：作嗛也。說詯：為是之台彼也，舊衍“為是”二字，從孫校刪弗為也。

一七慊：作非也。“慊”舊作“廉”，從孫校改說慊：已雖為之，知其諰也。舊“雖”作“惟”，“諰”作“睸”，從孫校改

一八令：不為所作也。說所令：非身弗行。“弗”字孫校疑作“所”，非

一九任：士損己而益所為也。說任：為身之所惡，以成人之所急。

二〇勇：志之所以敢也。說勇：以其敢於是也，命之；不以其不敢於彼也，害之。

二一力：刑之所以奮也。畢云“刑”同“形”說力：重之謂。下與重，奮也。

二二生：刑與知處也。說生：盈之生，商不可必也。“盈”從吳鈔本，“商”疑當作“適”

者也。尺，前於區穴而後於端，不夾於端與區穴；此“穴”舊作“內”，從畢校改）及。及：非齊之及也。

六四櫨：閒虛也。說櫨：閒虛也者，兩木之閒，謂其無木者也。“櫨”舊作“纑”，從孫校改

六五盈：莫不有也。說盈：無盈無厚，於尺無所往而不得。

六六堅白：不相外也。說堅白：得二。“白”字從孫校增，“得二”舊著“堅”上，今校移異處不相盈。相非，是相外也。

六七攖：相得也。說攖：尺與尺，俱不盡；端與端，俱盡；尺與端，或盡或不盡。“或上”端字舊錯著於後，今從孫校移此堅白之攖相盡，體攖不相盡。

六八仳：舊作“似”，從孫校改有以相攖，有不相攖也。說仳：兩有端而后可。

六九次：無閒而不相攖也。“相”舊作“攖”，從孫校改說次：無厚而后可。

七〇法：所若而然也。說法：意、規、員三也俱，可以為法。

七一佴：所然也。說佴：然也者，民若法也。

二三臥：知無知也。說臥：[1]

二四夢：臥而以為然也。說夢：[2]

二五平：知無欲惡也。說平：惔然。

二六利：所得而喜也。說利：得是而喜，則是利也。其害也，非是也。

二七害：所得而惡也。說害：得是而惡，則是害也。其利也，非是也。

七二說：所以明也。

七三彼：不可，兩不可也。“彼”舊作“攸”，從張、孫二校改說彼：凡牛樞非牛，兩也。無以非也。經、說首句均待攷

七四辯：爭彼也。辯勝，當也。說辯：或謂之牛，或謂之非牛，下“或”字從孫校增是爭彼也。是不俱當。不俱當，必或不當。不若當犬。

七五為：窮知而縣於欲也。說為：欲雜其指，智不知其害，是智之罪也；若智之慎之也，下“之”字舊作“文”，從孫校改無遺於其害也。而猶欲雜之，則離之。是猶食脯也，騷之利害，未可知也；欲而得騷，“得”字從孫校增是不以所疑止所欲也。廧外之利害，未可知也；趨之而得刀，則弗趨也；“刀”舊作“力”，從孫校改是以所疑止所欲也。觀為窮知而縣於欲之理，雜脯而非恕也，雜指而非愚也。所為與所不為此句從張校改相疑也，非謀也。

七六已：成，亡。說已：為衣，成也。治病，亡也。

---

[1] 疑下缺文。——編者註

[2] 疑下缺文。——編者註

二八治：求得也。**說**治：吾事治矣，人有治南北。

七七使：謂，故。**說**使：令謂，謂也；不必成。濕？此字疑譌故也；必待所為之成也。

二九譽：明美也。**說**譽：舊衍“之”字，今以其述經目並與下誹相對為文，刪必其行也，其言之忻，使人督之。

七八名：達，類，私。**說**名：物，達也。有實必待文名也。“名”舊作“多”，從孫校改命之馬，類也。若實也者，必以是名也。命之臧，私也。是名也，止於是實也。聲出口，俱有名，若姓字。

三〇誹：明惡也。**說**誹：必其行也，其言之忻。此有譌捝，箋詳

七九謂：移，舉，加。**說**謂：舊在“鹿”下，今依說必述經目，移此鹿，“鹿”舊作“灑”，從孫校改命狗犬，移也。今校改狗，犬，舉也。叱狗，加也。

三一舉：擬實也。**說**舉：告以文名。舉彼實也。

八〇知：聞，說，親。名實合為。**說**知：傳受之，聞也。方不庫，說也。身觀焉，親也。所以謂，名也。所謂，實也。名實耦，合也。志行，為也。

三二言：出舉也。**說**故言也者，諸口能之出民者也。民若畫俿也。兩“民”字疑並為“氏”之譌，畢云“俿”“虎”字異文言也者，謂言猶石致也。舊無“者”字，從孫校增

八一聞：傳，親。**說**聞：或告之，傳也。身觀焉，親也。“觀”常作“聽”，涉而夾譌

三三且：且言然也。**說**且：自前曰且，自後曰已，方然亦且。舊衍“若石者也”四字，從俞校刪

八二見：體，盡。**說**見：特者，體也。“特”舊作“時”，從孫校改二者，盡也。

三四君：臣萌鈕云即“氓”字通約也。**說**君：

八三合：正，宜，必。**說**合：舊作“古”，從楊校改

以若名者也。“若”疑“羣”之譌	兵立。“兵”疑“共”之譌反中，志工，正也。臧之為，宜也。非彼必不有，必也。聖者用而勿必，必也者可勿疑。今校箋詳
三五功：利民也。**說**功：不待時，若衣裘。	八四欲正權利。“欲”上疑挩“權”字，此衍“且”字，從孫校刪惡正權害。**說**權者：兩而勿偏。“權”舊作“仗”，今校從孫校改，移此
三六賞：上報下之功也。**說**賞：上報下之功也。	八五為：存，亡，易，蕩，治化。**說**為：甲，臺，“甲”舊作“早”，從孫校改存也。病，亡也。以上下文例校，“病”上疑挩一字買，鬻，易也。霄，盡，蕩也。順，長，治也。鼃，鼠，從孫校化也。
三七罪：犯禁也。**說**罪：不在禁。惟害無罪，殆姑。	八六同：重，體，合，類。**說**同：二名一實，重同也。不外於兼，體同也。俱處於室，合同也。有以同，類同也。
三八罰：上報下之罪也。**說**罰：上報下之罪也。	八七異：二，不體，不合，不類。**說**異：二必異，二也。不連屬，不體也。不同所，不合也。不有同，不類也。
三九同：異而俱於之一也。**說**同：舊作“侗”，從張校改二人而俱見是楹也。若事君。	八八同異交得放有無。**說**同異交得：於福家，良恕有無也。孫云：“恕”當作“恕”，與“知”通比度多少也。免疑“兎”之誤蚓還園，去就也。鳥折用桐，孫云：“鳥折”當為“象梗”堅柔也。劍戈甲，“戈甲”舊作“尤早”，從

孫校改，“甲”下疑脫“盾”字，《節用上》云：甲盾五兵死生也。處室子，子母，長少也。兩絕勝，白黑也。中央，旁也。論行行行學實，孫云衍兩“行”字是非也。難宿，孫云未詳成未也。兄弟，俱適也。身處志往，存亡也。霍為姓，故也。賈宜，貴賤也。

四〇久：彌異時也。宇：彌異所也。**說**久：含古今旦莫。“含”舊作“今”，倒著“久”上，今校改宇：冢東西南北。“冢”舊作“家”，著“西”下，今從胡校正

八九聞：耳之聰也。

四一窮：或有前不容尺也。**說**窮：或不容尺，有窮。莫不容尺，無窮也。

九〇循所聞而得其意，心之察也。此疑前條之說

四二盡：莫不然也。**說**盡：俱止動。“俱”舊作“但”，從孫校改

九一言：口之利也。

四三始：當時也。**說**始：時或有久，或無久。始當無久。

九二執所言而意得見，心之辯也。此疑前條之說

四四化：徵易也。**說**化：若鼃為鶉。

九三諾：不一利用。“不一”兩字疑本“五”字挩譌**說**諾：超城員止也。“超城”疑當作“起之成”相從、相去、先知、是、可五也。舊作“色”，從孫校改正五諾，若人於知有說。“若”舊作“皆”，從孫校改過五諾，若負，無直無說。用五諾若自然矣。自“正五諾”至此舊在篇末，從孫校移此長短、前後、輕重援。“援”疑“緩”之誤，上疑挩“速”字

四五損：偏去也。說損：偏去也者，兼之體也。其體或去或存，謂其存者損。	九四服執說言利。"言利"舊為小注，"言"作"音"，從孫校改說執服難成，言務成之，說則求執之。"說"舊作"九"，從孫校改
四六益：大舊作"大益"，從孫校，乙疑當增"來也"	九五巧傳則求其故。"傳"舊作"轉"，從孫校改
四七環：俱柢。舊作"儇稘柢"，從孫校改說環：俱氐也。舊作"儇昫民也"從孫校改	九六法同則觀其同。此與"法異則觀其宜"疑為說文錯簡
四八庫：易也。疑有挩字說庫：區穴若，斯貌常。	九七法異則觀其宜。說法法取同。觀巧傳法。取此擇彼，問故觀宜。"彼舉然者，以為此其然也，則舉不然者而問之。"（此十八字舊箸"是執宜止"後，今校移此）
四九動：或從也。說動：偏祭從，若戶樞免瑟。"若"舊作者今校改	九八止：因以別道。說止：校詳箋以人之有黑者，有不黑者，止黑人；與以有愛於人，有不愛於人，止愛人，是孰宜止？（後二"止"字舊並譌"心"，從張校改）
讀此書旁行	九九聖：舊作"正"，從孫校改孫校改無非。說若聖人：有非而不非。

經下篇旁行句讀上行	經下篇旁行句讀下行
一止：類以行之。"之"舊作"人"，從孫校改）說在同。說止：彼以此其然也，說是其然也。我以此其不然也，疑是其然也。此然是	四四所存與存者孰存，異。說在主。說天常中存其人其所。室堂，所存也。其子，存者也。主存者而問室堂，惡所存也。主室堂而

必然則俱。七字舊錯箸於下文"大小也"後，從梁校移此	問存者，孰存也。是一主存者以問所存。一主所存以問存者。此條校改箋詳
二四足牛馬：舊譌挩合并為一"駟"字，倒著於前，從孫校正推類之難。說在名之大小。"名"字從孫校增**說**謂四足獸與牛馬異。"牛馬異"舊作"生鳥與"，從孫校改物盡異，"異"舊作"與"，從孫校改大小也。	四五五行毋常勝。說在宜。**說**五合：金木水火土。舊作"水土火"，增改箋詳火離木而然。"木而"二字依孫說增火鑠金，火多也。金靡炭，金多也。合之成水。"成"舊作"府"，從孫校改木離土。"土"舊作"木"，從孫校改
三物盡同名：二與鬭，愛食與招，白與視，麗與暴此字從顧校增夫與履。疑挩"說在□"句**說**如麋同名。"如"舊作"為"，從孫校改俱鬭不俱二，二與鬭也。色從孫校肝，肺，子，愛也。橘，茅，食與招也。白馬多白，視馬不多視，白與視也。為麗不必麗，從孫校刪"不必"二字麗與暴也。為非以人，是不為非；若為夫以勇不為夫，"勇"上"以"字從孫校增為履以買不為履，"不"舊作"衣"，從孫校改夫與履也。	
四一：偏棄之。疑亦挩"說在□"句**說**二與一亡，不與一在，偏去未。	
五謂而固是也。說在因。**說**有文實也，而後謂之。無文實也，則無謂也。不若敷與美，謂是，則是固美也。謂非，舊作"也"，今校改則是非美。無謂，則報也。	

六不可偏去而二。說在見與俱。一與二。廣與脩。**說**見不見，離；一二不相盈。廣脩，堅白。“堅”上疑挩“若”字

四六無欲惡之為益損也。說在宜。**說**若識麋與魚之數，惟所利，無欲惡；傷生損壽。說以少適，“適”舊作“連”，從孫校改是誰愛也？嘗多粟。或者欲不有能傷也，若酒之於人也。且恕人利人，愛也，則唯恕弗治也。“唯”通“雖”

七不能而不害。說在害。疑有譌挩**說**舉不重，不與箴，非力之任也。為握者之觭偶，舊作“觭倍”，從孫校改非智之任也。若耳目。

四七損而不害。說在餘。**說**損飽者去餘。適足，不害；能害，飽，若傷麋之無脾也。且有損而后益智者，若瘧病之人於瘧也。“人”舊作“之”，從孫校改

八異類不仳。舊作“吡”，從孫校改說在量。**說**異。木與夜孰長？智與粟孰多？爵、親、行、賈，四者孰貴？麋與霍孰高？舊“霍”作“霍”，從張校改；衍“麋與霍孰霍”五字，從孫校刪蚓與瑟孰瑟？此句初從孫校改作“蛇與蚓孰長”，因見欒調甫《讀墨經校釋》稿，仍舊

四八知而不以五路。說在久。**說**智以目見，而目以火見，而火不見。惟以五路知，久不當。以目見，若以火見。

九偏去，莫加少。說在故。**說**偏：俱一，無變。

四九火不熱。舊“火”作“必”，無“不”字，從孫校改增說在頓。“頓”舊作“頓”，從孫校改**說**火：謂火熱也，非以火之熱。

一〇假必誖。說在不然。**說**假：假必非也而後假。狗假虎也。猶氏虎也。兩“虎”字舊並作“霍”，從孫校改

五〇知其所以不知。說在以名取。**說**我有若視曰智。雜所智與所不智而問之，則必曰是所智也，是所不智也。取去俱能之，是兩智

	之也。
一一物之所以然：與所以知之，與所以使人知之，不必同。說在病。說物：或傷之，然也。見之，智也。告之，使智也。	五一無不必待有。說在所謂。說無：若無焉，則有之而后無。無，天陷；則無之而無。
一二疑：說在逢、循、遇、過。說疑：逢，為鍪則土，舊"鍪"作"務"，"土"作"士"，從孫校改為牛廬者夏寒，逢也。舉之則輕，廢之則重，非有力也；械從削，"械"舊作"沛"，從張校改非巧也；若石羽，循也。鬬者之敝也，以飲酒，若以日中，是不可智也；遇也。"遇"舊作"愚"，從孫校改智與？以已為然也與？過也。"愚"舊作"愚"，從孫校改	五二擢慮不疑。孫校"擢"當作"推"，未知是否說在有無。說擢疑，無謂也。臧也今死而春也得文文死也可未詳
一三合與一，或復否，說在拒。此經無說，疑上六字，當在下文"數物一體也"上，"說在"二字衍，"拒"字由校者據下"說在俱"之"俱"竄改耳。孫校改	五三且然。不可正，而不害用工。說在宜。說且：猶是也。且然，必然。且已，必已。且用工而後已者，必用工而後已。
一四數物一體也。"數"舊作"歐"，從張、孫二校改說在俱一惟是。說俱：俱一，若牛馬四足。惟是，當牛馬。數牛，數馬，則牛馬二。數牛馬，則牛馬一。若數指，指五而五一。	五四均之絕不。說在所均。說均：髮均縣。輕重而髮絕，不均也。均，其絕也莫絕。
一五宇或徙，說在長。宇久。二字疑當	五五堯之義也，生於今而處於古，

在“宇或徙”上[1]**說**長宇徙而有處宇。宇，南北在旦有在莫。宇徙久，“無久與宇”。此四字舊錯著經“堅白說在因”上，今校移此

而異時。說在所義二。**說**堯臛：舊作“霍”，今校改或以名視人，或以實視人。舉友富商也，“友富商”當作“是堯”是以名視人也。指是臛也，“臛”舊作“腫”，今校改是以實視人也。堯之義也，是聲也於今，所義之實處於古。若殆於城門與於臧也。

一六堅白。說在因。此文舊在後，從梁校依說位次移此**說**無堅得白，必相盈也。

五六狗，犬也。而殺狗非殺犬也可。說在重。**說**狗：狗，犬也。而殺狗謂之殺犬，不可。“而殺狗不”四字從孫校增若兩膍。（“膍”當作“傀”）

一七在諸其所然，未者然。說在於是推之。**說**在堯善治，自今在諸古也。自古在之今，則堯不能治也。

五七使殷美。說在使。**說**使：令使也。我使我我不使亦使我殿戈亦使殿不美亦使殿。此條譌奪過多，校訂箋詳

一八景不徙。說在改為。**說**景：光至，景亡。若在，盡古息。

五八荆之大，其沈淺也。說在具。**說**荆沈，荆之具也。“具”舊作“貝”，據經文改則沈淺非荆淺也。

一九住景二。說在重。**說**景：二光夾一光。一光者，景也。

五九以楹為摶，“楹”舊作“檻”，從孫校改於以為無知也。說在意。**說**若易五之一，此句疑當在“見”之下以楹之摶也見之，其於意也不易，无智意相也。“无”舊作“先”，從孫校改若楹輕於秋，其於意也洋然。

二〇臨鑑而立，景到，多而若少；

六〇意未可知。說在可用過仵。**說**

---

[1] 當爲“徙”。——編者註

說在寡區。**說**景：光之人煦若射。下者之人也高，高者之人也下。足敝下光，故成景於上。首敝上光，故成景於下。	段椎錐，俱事於履，可用也。成繪屨過椎，與成椎過繪屨同，過件也。“件”舊作“伴”，從張校改
二一景到：在午有端與景長。說在端。**說**在遠近有端與於光，故景障內也。	六一一：少於二而多於五。說在建。**說**一：五有一焉，一有五焉，十二焉。
二二景迎日。說在轉。舊作“摶”，從孫校改**說**景：日之光反燭人，則景在日與人之間。	六二非半弗新則不動。說在端。**說**非新半，進前取也前，則中無為半；猶端也。前後取，則端中也。新必半。毋與非半，不可新也。
二三景之小大，說在杝正遠近。“杝”舊譌“地”，從孫校改**說**景：木杝，景短大。木正，景長小。光小於木，“光”舊譌“大”，從孫校改則景大於木；“非獨大也。光大於木，則景小於木”；（此十三字經捝，今校增）非獨小也。遠近臨正鑒。景寡，貌能白黑。遠近杝正，異於光鑒。	六三可無也，有之而不可去。說在嘗然。**說**可無也，已給則當給，不可無也。久，有窮無窮。
二四經亡**說**景：當俱就，去亦當俱，俱用北。	六四正而不可搖。舊作“擔”，從孫校改說在摶。**說**正：丸，舊作“九”，從孫校改無所處而不中縣。摶也。
二五經亡**說**鑒者之臭：於鑒無所不鑒。景之臭無數，而必過正；故同處，其體俱，然鑒分。	六五宇進無近。說在敷。**說**傴宇不可偏舉，宇也。“宇”舊作“字”，從孫校改進行者，先敷近，後敷遠。

二六鑑位孫云當作"臨鑑立"景一小而易，一大而正。說在中之內外。二字據說乙**說**鑒：中之內。鑒者近中，則所鑒大，景亦大。遠中，則所鑒小，景亦小。而必正。起於中，緣正而長其直也。中之外。鑒者近中，則所鑒大，景亦大。遠中，則所鑒小，景亦小。而必易。合於中，緣易二字從楊校增而長其直也。以上諸條初依經文排列，以說次序舛錯，今見《墨經校釋》所校較妥，從之，依說改正，但梁校諸不合管見處，仍未敢苟同也

六六行修以久。說在先後。**說**行者重"行者"二字，從張校刪必先近而後遠。遠近，修也。先後，久也。民行修必以久也。

二七鑑團：景一小"小"字從欒校增一大而必正，說在得。此經文舊分二條，今合為一，詳欒調甫《讀墨經校釋稿》**說**鑒：鑒者近，則所鑒大，景亦大；其遠所鑒小，景亦小，而必正；景過正故。"故"字，孫屬下"招負衡木"為句，今校改

六七一法者之相與也，盡類。"類"字依孫校增若方之相合也。說在方。**說**一方盡類，俱有法而異。或木或石，不害其方之相合也。盡類猶方也，物俱然。

二八負而不撓。"負"舊作"貞"，從孫校改說在勝。**說**招負衡木，加重焉而不撓；極勝重也。右校交繩，無加焉而撓；極不勝重也。衡：加重於其一旁，必捶。權重相若也，相衡則本短標長。兩加焉，重相若，則標必下；標得權也。

六八狂舉不可以知異。說在有不可。**說**牛性與馬惟異，"性"舊作"狂"，從俞校改以牛有齒，馬有尾，說牛之非馬也不可。是俱有，不偏有偏無有。曰，牛之與馬不類；"牛"字從盧校增用牛有角，馬無角，是類不同也。若舉牛有角馬無角，以是為類之同也："同"上"不"字從孫校刪是狂舉也。猶牛有齒馬有尾，或不非牛而非牛也，可；孫本挩此字，據局本增則或非牛或牛

而牛也，可。故曰牛馬非牛也未可，牛馬牛也未可，則或可或不可，而曰牛馬牛也未可，亦不可。

二九挈與收仮。說在權。舊"挈"作"契"，"收"作"枝"，從張校改；"仮"作"板"，"權"作"薄"，從孫校改說挈，有力也；引，無力也；不正，所挈之止於施也。繩制挈之也，若以錐刺之。挈，長重者下，短輕者上；上者愈得，下衍一"下"字從張校刪者愈亡。繩直權重相若，則正矣。收，上者愈喪，下者愈得。上者權重盡則遂挈。

六九牛馬之非牛，與可之同。說在兼。說且牛不二，馬不二，而牛馬二；則牛不非牛，馬不非馬，而牛馬非牛非馬；無難。

三〇倚者不可正。說在梯。舊作"剃"，從孫校改說兩輪為高，"為"字從孫校增兩輪為輲，車梯也。重其前，弦其前，載弦其前，載弦其軲，而縣重於其前，是梯。挈且挈則行。凡重，上弗挈，下弗收，旁弗劫，則下直。扡，或害之也，汯。梯者不得汯，直也。今也廢石於平地，"石"舊作"尺"，從孫校改重不下，無跨也。若夫繩之引軲也，是猶自舟中引横也。倚倍拒堅，䠆倚焉則不正，誰并石絫石耳。夾寢者，法也。

七〇循此據說疑當作"彼"循此與彼此同。說在異。說彼疑挩"此"字正名者彼此，彼此可。彼彼止於彼，此此止於此，彼此不可。彼且此也，此亦且彼也。五字從孫校增彼此亦可。彼此止於彼此，若是而彼此也，則彼亦且此，此亦且彼也。"亦且彼"三字從孫校增

三一推之必往。說在廢材。說方

七一唱和同患。說在功。說唱無

石去地尺關石於其下，縣絲於其上，使適至方石，不下，柱也。膠絲去石，挈也。絲絕，引也。	遇，舊作"過"，從孫校改，下同無所周，若稗。舊作"粺"，從孫校和無遇，使也，不得已。唱而不和，是不學也，智少而不學必寡。和而不唱，是不教也，智而不教功適息。若使人奪人衣，罪或輕或重。使人予人酒，功或厚或薄。"若"、"功"二字從孫校，以意增
三二買無貴。說在仮其賈。**說**未變而名易，仮也。"仮"舊作"收"，從孫校改買：刀糴相為賈。刀輕則糴不貴，刀重則糴不易。王刀無變，糴有變。歲變糴則歲變刀。若鬻子。	七二聞所不知若所知，則兩知之。說在告。**說**聞：在外者，所知也。在室者，六字從梁校增所不知也。或曰在室者之色若是其色，是所不智若所智也；猶白若黑也，誰勝？是若其色也若白者，必白。今也智其色之若白也，故智其白也。夫名，以所明正所不智，不以所不智疑所明。若以尺度所不智長。外，親智也。室中，說智也。
三三賈宜則讎。說在盡。**說**賈盡也者，盡去其所以不讎也。"所"字從孫校增其所以不讎去，則讎。正賈也，宜不宜，正欲不欲。若敗邦鬻室，嫁子無子。	七三以言為盡誖，誖。說在其言。**說**以誖，不可也。出入之言可，是不誖；則是有可也。之人之言不可，以當；必不當。舊作"審"，從孫校改
三四無說而懼。說在弗必。"必"舊作"心"，從孫校改**說**在軍不必其死生。聞戰亦不必其死生。下"死"字從孫校增前也不懼，	七四唯吾謂。非名也則不可。說在仮。**說**唯：謂是霍可，而猶之非夫霍也；謂彼是是也。不可謂

今也懼。	者，毋唯乎其謂。彼猶唯乎其謂，則吾謂行；“行”上衍“不”字，從孫校刪彼若不唯其謂，則不行也。“唯”舊並作“惟”，從孫校改
三五或：過名也。說在實。說或：知是之非此也，有知是之不在此也；然而謂此南北，過而以已為然。始也謂此南方，故今也謂此南方。“無南北。”“無南北”舊作“無南者”，在“有窮則可盡”上，今校移此	七五無窮不害兼。說在盈否知。說有窮則可盡，無窮則不可盡。有窮無窮未可智，則可盡不可盡從畢校刪“不可盡”三字未可智。人之盈從孫刪一“之”字否未可智，而必人之不可盡；“不”字以意增人之可盡四字從孫校增不可盡亦未可智，而必人之不可盡愛也；“不”字從孫校增詩。人若不盈無窮，“無”舊作“先”，從孫校改則人有窮也；盡有窮，無難。盈無窮，則無窮盡也；盡有窮，無難。
三六知之否之，足用也諄。“諄”舊作“諄”，從張校改說在無以也。說智論之，非智無以也。	七六不知其數而知其盡也。說在明者。說不一一智其數，“一一”舊作“二”，從孫校改惡智愛民之盡文也？或者遺乎其明也。盡明人，則盡愛其所明。若不智其數，而智愛之盡文也，無難。“明”舊並譌“同”，據經與張校正
三七謂辯無勝，必不當。說在辯。說謂：所謂，非同也，則異也。同，則或謂之狗，其或謂之犬也。異，則或謂之牛，牛或謂之馬也。俱無勝，是不辯也。辯也者，或謂之是，或謂之非。當者，勝也。	七七不知其所處，不害愛之。說在喪子者。

三八無不讓也，不可，說在始。說無讓者酒，未讓，始也不可讓也。

七八仁義之為內。外也內。說在仵顏。孫云當作"頡仵"說仁，從張校刪一"仁"字愛也。義，利也。愛利，此也。所愛所利，彼也。愛利不相為內外；所愛利亦不相為外內。其為仁內也，義外也，舉愛與所利也；是狂舉也。若左目出，右目入。

三九於一疑為"石"字殘缺有知焉，有不知焉。說在存。說於石，一也。堅白二也，而在石。故有智焉，有不智焉，可。

七九學之無益也。"無"字從孫校增說在誖者。"誖"舊作"誹"，從孫校改說學也，以為不知；學之無益也，故告之也是。使智學之無益也，是教也。以學為無益也教，誖。

四〇有指：於二而不可逃。說在以二參。舊作"絫"，從孫改說有指：子智是，有智吾所无舉，"无"舊譌"先"，從孫校改，下同是重；"是"字舊著前"吾"上，從孫校移則子智是，而不智吾所无舉也，是一；謂有智焉有不智焉可。若智之，則當指之智告我，則我智之。兼指之，以二也。衡指之，参直之也。若曰必獨指吾所舉，毋舉吾所不舉，則二者"二"字從張校增固不能獨指，所欲指不傳；"指"舊作"相"，從孫校改意若未校。且其所智，是也；所不智，是也；則是智是之不智也，惡得為一，

八〇誹之可否，不以衆寡。說在可非。說論誹：誹之可不可，以理之可非，舊作"誹"，從張校雖多誹，其誹是也。其理不可非，雖少誹，非也。今也謂多誹者不可，是猶以長論短。

謂而有智焉有不智焉。

四一所知而弗能指說在春也。逃臣，狗犬，遺者。“遺”舊作“貴”，從張校改【說】所春也，“所”下疑挩“謂”字其執舊譌“埶”，從張校改固不可指也。逃臣不智其處，狗犬不智其名也，遺者巧弗能网也。“网”舊譌“兩”，從孫校改

八一非誹者諄。舊作“惇”，從張校說在弗非。【說】非誹，“非”舊作“不”，從孫校改非己之誹也。不非誹，非可非也，不可非也；是不非誹也。

四二知狗而自謂不知犬，過也。說在重。【說】智，智狗；重，智犬；則過。不重，則不過。

八二物甚不甚。說在若是。【說】物甚長甚短，莫長於是，莫短於是。是之是也。非是也者，非莫甚於是。“莫”上“非”字從孫校增

四三通意後對。說在不知其誰謂也。【說】通問者曰：子知羂乎？應之曰：羂何謂也？彼曰羂施，則智之。若不問羂何謂，徑應以弗智，則過。且問舊作“應”，從孫改校必應。問之時若應，其應有深淺。“其”舊作“長”，從孫校改

八三取下以求上也。說在澤。【說】取高下以善不善為度，不若山澤。處下善於處上，下所，請上也。

八四是是與是同。說在不文。舊作“州”，從張、楊二校改【說】不是“不”字疑衍當刪是則是且是焉。今是文於是而不於是，“不”下疑當增“文”字故是不文；是不文則是而不文焉。今是不文於是而文與是，“而文”下“與”字疑當作“於”故文與是不文同說也。

經上上行 前已依經旁行次序，於各條上編定號數；以下所詮各條上，均照經號數標列，以便檢閱

一經故：所得而後成也。

孫云："故之為辭，凡事因得此而成彼之謂。墨子說與《說文》'故，使為之也'義同。"愚案：《漢書·藝文志·魯故》二十五卷，顏師古注："故者，通其指義也。"即凡事之所以然，與《說文》義可互明。是其科學之精神，墨子全書莫不注重。例如：《兼愛中》篇屢云"是其故何也"；《尚同中》篇屢云："何故之以也"；可證。故者，一切事物，所得以成就之原因也。印度三支論之"因"即此。因明論蕅益《直解》曰："因者，諸法所以然之故；宗非因不顯，喻非因不立；因最有力，故標因明。因既明，則能立能破也。"《墨經》開宗明義，揭示"故"字，以是為論理一切"演繹""歸納"之基礙也。

說故：小故，有之不必然，無之必不然。大故，有之必然，無之必不然。 二句舊作"有之必無然"，從孫校增

小故，事物所由成之一種原因；故有之不必然，無之必不然。大故，事物所由成之主要原因；故有之必然，無之必不然。

張子晉《新攷正墨經注》云：此蓋於所得原因不同之中，而分斷詞為相對斷詞、絕對斷詞二義。小故，相對斷詞也。大故，絕對斷詞也。又按論理學斷詞，又分肯定、否定兩項。肯定、否定，又分全稱、偏稱兩項。必然，肯定也。必不然，否定也。小故，偏稱也。大故，全稱也。頃接欒君調甫寄示新《攷正墨經注》，展讀之，見解"小故、大故"，不勝欣喜，急補錄之，十一年八月五日

若見之成見也。

張云："若者，指事之詞。目之見性也，然不接物則不見；接物

而不故欲見之，亦不成見。是見之所以成其見者乃故也。”孫云：“以《經》校之，疑上‘見’字，當為‘得’之誤；’得’正字作‘㝵’，壞捝僅存上半，遂成‘見’字，故古書多互譌。下‘見’字，當為‘是’字之誤。言得彼乃能成此也。”愚案：張、孫二說均非。見：即《荀子·天論》篇“愼子有見於後無見於先，老子有見於絀無見於信”之“見”。言凡有所見，必窮究其小故大故，以利實用而無偏蔽，始成正見也。今心理學所謂由直觀而成觀念，由觀念而成概念，皆是。

二經體：分於兼也。

畢云：“孟子云，有聖人之一體。”孫云：“《周禮·天官》敘官鄭注云：‘體：猶分也。’《說文》秝部云：‘兼并也。’蓋并衆體則為兼，分之則為體。”愚案：《經下》云：“物一體也”；又云：“無窮不害兼”；可與此相發明。體者，兼之別相，小故也；兼者，體之總相，大故也。即此具見墨子立論，注重歸納之精神。

說體：體也者，有端。

體也者有端，舊者作“若”，誤著前條“大故”上。張校移著此“體”字上，孫從之。愚案：當移著“體”字下為合。蓋“體”字標經目也。“若”當為“者”，形近而譌。張、孫均未及校正，殊誤。諸說通例，如下文“慮：慮也者”，“知：知也者”，可證。今據改。

三經知：知材也。

孫云：“此言智之體也。”愚案：知謂知識，材始為知之體。猶今生理學所謂神經系統，言知識必依官體起用。

說知材：知也者，所以知也，而必知。若明。

孫云：“上二‘知’字，讀為‘智’，言知生於智。《荀子·正名》篇云：‘所以知之在人者謂之知，知有所合謂之智’；《管子·宙合》篇云：‘見察謂之明’，此段目喻知也。”張云：“智者必知。”愚案：孫、張二說均未允。此言既有知材，即一切知識所依以了別外緣者，以故接物必知之，若明鑑然。明：目精也，見《禮記·檀弓上》“子夏喪其子而喪其明”注。

四經**慮：求也。**

畢云：“謀慮有求。”孫云：“《說文》心部云：慮：謀思也。”愚案：慮：即《百法明門論》之“尋”“伺”，尋：謂尋求；伺：謂伺察。心理學所謂思考，亦即此。

說**慮：慮也者，以其知有求也，而不必得之。若睨。**

孫云：“言以知求索，而得否不可必。《說文》目部云：‘睨：衺視也。’謂有求而不必得；若睨而視之，見不見未可必也。”愚案：慮者，據所已知，懷疑而進求新知也。但新知果能求得否；即求得已，果屬眞理否；不可必。故若睨而視物，蓋依思慧凝神推度之狀也。

五經**知：接也。**

孫云：“此言知覺之知。《淮南子·原道訓》云：‘感而後動，性之害也；物至而神應，知之動也；知與物接，而好憎生焉。’”愚案：“性之害，好憎生”，涉入情的範圍，非是此經正釋。惟“物至而神應，知之動也”，適相合。此即心理學所謂知的感覺，亦即佛教法相宗徧行五心所之觸與受。《五蘊論》單言受

說**知：知也者，以其知過物而能貌之。若見。**

孫云：“過：疑當為‘遇’，與經云‘接’同義。能貌之，謂能知物之形容。”愚案：“過”字不誤，孫說亦通。此言知識由有所感觸而生；既有感觸，即具印象；及其時過境遷，一念忽萌，其印象即再現，如親見其物之狀態無異。是以意識能執持前境，與佛教同。故凡與物相接時，均當澄慮靜觀，俾所知覺，一切觀念，無不正確為得。

六經**恕：**舊本作“恕”，此從道藏本、吳鈔本**明也。**說**恕：恕也者，以其知論物，而其知**

之也著。若明。

顧云："恕即'智'字。"愚案：此言智慧既生，無難明辨萬物之理。論物即整理舊有觀念，極成明確概念之謂。猶心理學之"判斷"與"推理"；邏輯之"演繹"與"歸納"；因明之"眞能立""眞能破"。故眞知顯著，明合日月，無不照矣。"

綜觀第一條，明故以正見；第二條，即以萬端分於兼，揭示宗趣；第三條言人具靈知之本能，原極精明；第四、五、六條，牒明明故正見之法；教人精心析理，如理修學，回復本明；精同佛典矣。

七**經仁：體愛也。說仁：愛己者，非為用己也。不若愛馬者。**

孫云："己：疑或當為'民'。民：唐人避諱闕筆，與己形近，因而致誤。《淮南子·精神訓》云：'聖王之養民，非求用也，性不能已。'此義或與彼同。"愚案："己"字不誤，孫未得解。"聖主之養民，非為己用也，性不能已也。"見《文子·微明》篇，《淮南·精神訓》無。仁：《說文》人部云："親也，從人二。"上文《經》云："體分於兼"，《說》云："若二之一"，可相發明。言己與人相偶密至，猶體分於兼。故《兼愛上》云："視人身若其身。"《兼愛下》云："為彼猶為己也。"《大取》篇云："愛人不外己"；又云："天下無人。"言人己本兼而分為體也，仁則合體而復於兼。仁字從人，即兼義；從二，即體義。故兼愛人者即愛己，本於性不能已；非為用人始愛人，猶非為用己始愛己；豈若用馬始愛馬者比哉？《莊子·則陽》篇曰："聖人之愛人也，不知其愛人也，其愛人也，終無已；性也。"是其義。者，舊作"著"。從孫校改，並刪"若明"二字。

自此以下諸條繼上文，示學所以成行也。

八**經義：利也。**

畢云："易曰：利者，義之和。"孫云："《左》昭十年傳云：義，利之本也。”愚案：墨子務以“實利主義”改造社會；非若孔子以後儒者，視義、利不容並立；故直以利訓義。近世遠西言計學者，明兩利為利，獨利必不利；即墨子交相利之所以為義也。

說**義：志以天下為芬，**孫云“芬”當為“愛”**而能能利之，不必用。**

孫云：“下‘能’字，善也。能能利之，言能善利之也。不必用，言不必人之用其義也。”愚案：孫說是也，惟釋“不必用”未允。墨子言行一致，仁義皆必實用。故不必用人始為仁，不必用天下始為義。蓋與當時游士，亟欲用天下，“煩言飾辭而無實用”《商君書·戰農》者，奮鬭也。此言為愛天下而愛義，志在使人交相利，為義自能善利天下，不必用天下。

九經**禮：敬也。**

孫云：“《樂記》云：禮者，殊事合敬者也。”愚案：孫說未得墨旨。墨子以“儒家繁登降之禮以示儀，務趨翔之節以觀衆”，《非儒》篇正如老子所謂“失義而後禮”。是為“忠信之薄，而亂之首”，無足取。故特申而明之曰，禮：敬也。言禮以敬人，實以敬己，而自完其人格也。一主於敬而已，奚用繁文為耶？

說**禮：貴者公，賤者名，而俱有敬僈焉；等異論也。**

孫云：“言賤者，稱貴者為公，而自名也。貴賤之中，復有敬僈之別。禮有貴賤尊卑等差之異。”張云：“論：讀為倫。”愚案：墨子一往平等，深以世俗之禮，有貴賤等差之異為非；謂既分貴賤，則其為禮，不過徒嚴外飾，憒憒然以觀眾人之耳目。俱敬也即是俱慢，是交別也，是欺德也，殊失禮意。《說》與《經》言似相反，意實相成。

一〇經**行：為也。**說**行：所為不善名，行也；所為善名，巧也。若為盜。**

孫云：“巧：疑當為‘竊’，‘竊’與‘盜’文義正相貫；竊：俗書作‘窃’，下半與‘巧’相似，故譌。”愚案：“巧”字不譌。《修身》篇云：“譽不可巧而立也”，可證。此冡禮而次之，大意謂行不主敬於內，善名難立；善名不可以巧取也。

一一**經實：榮也。說實：其志氣之見也，使人如己，不若金聲玉服。**

孫云：“‘不’字疑當作‘必’。玉服：即佩服之玉。言其實充美，則見於外者，若金聲玉服之昭著，即所謂榮也。”愚案：孫說未允。“不”字不誤，此冡行而次之。墨子務質樸以化天下。實者，即《莊子·徐無鬼》篇所謂“修胸中之誠”是也。榮者，即《老子》所謂“道之華”也。大丈夫處其實不居其華而自華。志，誠於中者也。氣，形於外者也。其志氣之見也使人如己，即《莊子·田子方》篇所謂“正容以悟之，使人之意也消”；又《則陽》篇所謂“不言而飲人以和，與人並立而使人化”。例如《魯問》篇，“公輸子謂子墨子曰：吾未得見之時，我欲得宋；自我得見之後，予我宋而不義我不為。”又舜耕歷山，田者讓畔之類是已，豈若金聲玉服，徒飾外觀者，不能充實而有光輝哉？

一二**經忠：以為利而強君也。**“君”舊作“低”，從孫校改**說忠：不利弱子亥足將入止容。**

孫云：“亥：疑當為‘孩’。”愚案：據下《經》文“孝利親也”，此疑本作“忠利君也”；忠孝、君親，相對為文。”以為而强”四字，乃由解者之意羼入。又以下《說》文校之，此說或本作“忠以君為强，而能能利君，不必容”。似“以為而强”四字，顯由《說》文錯移於《經》，又倒“强而”二字。因重“君”字，又妄刪之。“子”“亥”二字，當即一“孩”字誤分。“弱”字似與經文“强”字有關，乃再三審勘，“强”字本非經文。“弱”“孩”二字，或皆由“能”字草書形近，傳寫而譌，又倒著“利”下。“利”上“不”字，或即“而”字之譌，或衍，或由下句誤倒。“足”為“君”之譌。“將”字衍。“入”即“不”之殘。

"止"由"必"字草寫而譌。錯譌太多，遂不可讀。合《經》《説》校之，讀作"忠：利君也；忠：以君為强，而能能利君，不必容。"以君為强，即《荀子·臣道》篇"强君"之義。不必容，謂不必見容於君也。今校如此，未知當否，不敢臆斷。

一三**經孝：利親也。説孝：以親為芬，**孫云"芬"亦"愛"之誤**而能能利親，不必得。**

孫云："能能利親，亦謂能善而利之也。不必得，謂不必中親之意。《莊子·外物》篇云：人親莫不欲子之孝，而孝未必愛。"愚案：人子愛親，莫如以孝善利之。然"虞舜孝已，孝而親不愛。"《荀子·大略》

墨子言忠孝，一以大利於君親為歸宿，是其功利主義之特色。

一四**經信：言合於意也。説信：必以其言之當也。**"必"舊作"不"，從孫校改**使人視城得金。**

孫云："言告人以城上有金，視而果得之，明言必信也。"愚案：孫説似不甚合事情。竊疑"城"為"誠"之誤，"得"本"斷"而譌。《易·文言傳》曰："脩辭立其誠"；《繫辭上》曰："二人同心，其利斷金。"此謂言則必信，使人視為誠實，其利可以斷金；即信則人任之意。《耕柱》篇子墨子曰："言足以復行者，常之；不足以舉行者，勿常；不足以舉行而常之，是蕩口也。"足見墨家出言，務期實踐之旨。

一八**説所令：非身弗行。**

孫云："弗，吴鈔本作'不'。疑當依《經》作'所行'，言使他人作之，非身所親行也。"愚案：孫説未允，"弗"《吴鈔本》作"不"，義同。足徵不誤。此言所令之事，雖使人為之不自作；然非以身先之，恐雖令弗行。《小取》篇曰："無諸已不求諸人"，是其義。

一九**經任：士損己而益所為也。説任：為身之所惡，以成人之所急。**

《大取》篇曰："斷指與斷腕，利於天下相若，無擇也；死生利若，一無擇也。”又曰：“殺己以利天下”；“欲人之利也，非惡人之害也”。故《莊子》謂其“枯槁不舍，備世之急”；《天下》篇孟子謂其“摩頂放踵，利天下為之”；《盡心上》皆此“任”之說也。《呂氏春秋·上德》篇記墨者鉅子孟勝為陽城君死，弟子死之者百八十三人，尤其證。

二一經力：刑之所以奮也。說力：重之謂，下與重，奮也。

畢云：“刑：同形。”孫云：“與疑當作‘舉’”，又以“重之謂下”為句。愚案：孫讀句，並破“與”為“舉”，均非。《廣雅·釋詁》，奮動也。《國策·齊策》，“君不與勝者而與不勝者”注，與：猶助也。此言萬物不自動，仗力以動。凡形而下之物，皆力助之，變動不已。力可實驗，即物質莫不就下，可知其為重也。《經說下》云：“凡重：上弗挈，下弗收，旁弗劫，則下直。”是助力於物，為用至顯明者，此言重學理至精微也。

二二經生：刑與知處也。說生：盈之生，商不可必也。

畢生：“刑同形”，孫云：“‘商’疑當為‘常’，聲近而誤。言生無常，形與知合則生，離則死也。”愚案：盈之生，“盈”作“楹”，孫校仍舊；今從吳鈔本改。《經上》云：“盈：莫不有也。”言生者知與形莫不彌滿相含也。“商”疑當為“適”，脫辵而譌，以意審校，似較“常”為近。言人適爾而生，“識住則命存，識去則命卸”，《百法明門論纂》註“命根”不可期必也。《莊子·養生生》篇曰：“適來，夫子時也；適去，夫子順也。”《達生》篇曰：“有生必先無離形，生之來不能卻，其去不能止。”義與此同。

二四經夢：臥而以為然也。

此冡上言，知在臥時，本無所知；然其為夢，又明明有知，且自以為實然，而不知其非然也。《莊子·齊物論》曰：“方其夢也，不知其夢也。”義同。

上文第二十三條，言知性雖存，常無知用。此條，言知雖起用，等於無知。頗似佛典徵知所依之理。《唯識二十論》，《成唯識論》，屢言夢，可參證。

二五**經平：知無欲惡也。說平：惔然。**

此示至人無夢之方也。《大取》篇云："正體不動"，《莊子・刻意》篇曰："平易恬惔：則憂患不能入，邪氣不能襲。"可與此互證。

二六**經利：所得而喜也。說利：得是而喜，則是利也；其害也，非是也。**

此冡上言常人欲惡熾然，凡所得而喜者，以為是利；雖其中有害，亦以為非害而不惡也。故《莊子・大宗師》曰："利害不通，非君子也。"《荀子・不苟》篇曰："欲惡取舍之權，見其可欲也，則必前後慮其可惡也者；見其可利也，則必前後慮其可害也者；而兼權之，孰計之；然後定其欲惡取舍。如是，則常不失陷矣。凡人之患，偏傷之也。見其可欲也，則不慮其可惡也者；見其可利也，則不顧其可害也者；是以動則必陷，為則必辱；是偏傷之患也。"即此經說之塙詁。

二七**經害：所得而惡也。說害：得是而惡，則是害也；其利也，非是也。**

言常人所得而惡者，以為是害；雖其中有利，亦以為非利而不喜也。

人惟欲惡不得其正，故利害亦不得其正。後文欲正權利，惡正權害，所以救此失也。《荀子・正名篇》曰："權不正，則禍託於欲，而人以為福；福託於惡，而人以為禍；此亦人所以惑於禍福也。"義同。

二八**經治：求得也。說治：吾事治矣；人有治南北。**

孫云："有：疑當讀為'又'，或當作'人治有南北'，言吾事治，則自治其身；人治則當廣求之四方，亦求得之意。"愚案：孫說未允。

惟"有讀又"是也。此冢上言：治：理也，亂之反也。求所得者，有利無害，斯可謂治矣。然吾事雖治，而天下未治，猶恐害多而利少；又必兼南北之人，相與共治之。

合觀以上三條，見墨子正人之欲惡，恆以生活上之利害為歸宿。以求得大利而無害，莫若善羣。其為大多數人謀幸福者至切，是其交相利之實行也。

三〇**說誹：必其行也，其言之忻。**

孫云："誹、譽義相反，說不宜同，疑皆涉上而誤，下亦有捝文。"愚案：以上《說》文校之，疑當作"誹：必其行也，其言之醜，使人戒之"，未知當否？

三一**經舉：擬實也。**

此冢上言，譽誹當稱其實。

三二**經言：出舉也。說故言也者，諸口能之出民者也。**

王引之云："當作'故言也者，出諸口能之民者也'。'出'字誤倒在下，'能'下又捝一字，'能'與'而'通，謂言出諸口而加之民也。《繫辭傳》曰：言出乎身加乎民。"孫云："王說移易太多，似未塙。竊疑'口能'，即謂口之所能，猶《經上》云：'言口之利也。''民'當為'名'之誤，後文云聲出口俱有名，出名亦謂言出而有名，猶《經》云'出舉也'。"愚案：孫說"民"為"名"之誤，似亦未塙，竊疑"民"當為"氏"，形近而譌。《白虎通·姓名》，"所以有氏者何，所以貴功德，賤伎力。或氏其官，或氏其事。聞其氏即可知其德，所以勉人為善也。"是氏猶舉實之名也。氏，古通"是"。漢張遷《碑》"張是輔漢，世載其德"；氏作是。又《吳志》："是儀本姓氏。孔融嘲儀言，氏字民無上，可改為是，乃遂改焉。"此謂言為衆口之所能，出口而是，猶偁人之氏也。

民若畫俿也。

孫云："'民'疑亦'名'之誤，蓋言名與實不同。"畢云："俿，虎字異文。"愚案：孫說未塙，畢說是也。"民"疑亦"氏"之譌，段松苓益都金石記·周紀侯鍾："紀侯虎作寶鍾"，虎作[illegible]，可為畢說之證。氏若畫俿也，言偁人之氏，若畫虎然，使人明憭不疑也。

言也謂言猶石致也。

畢云："'石'當為'實'。"孫云："此義難通，'言也'下疑當有'者'字。'實致'亦無義，'石'疑'名'之誤，'猶'與'由'通，謂言因名以致之。"愚案：畢、孫二說均未允，"言也"下無"者"字亦通。"石"字不誤。"致"通"緻"，《詩·彼都人士箋》其情性密致，《釋文》"致"本作"緻"。此謂立言之道，當審愼周密而出，如石之堅實密緻不可奪也。

三四經**君：臣萌**同"氓"**通約也。**

張云："君所以約臣民。"孫云："謂尊卑上下等差不一，通而約之，不過此三名；故說云，君以若名者也。"愚案：張、孫二說並非。此墨家之"民約論"也。《尚同》三篇，皆謂"選擇天下賢良者立為天子"，是為通約之證。

說**君：以若名者也。**

孫云："此言君之名，對臣民而立，故云以若名，若即指臣民也。"愚案：孫說非。若：即羣字，損羊存君，形近而譌。《白虎通·三綱六紀》云："君者，羣也，羣下之所歸心也。"是君以羣得名，頗與經義相貫。上古有巢氏、燧人氏，皆民悅之，使王天下。《韓非子·五蠹》可證。

三五說**功不待時，若衣裘。**

孫云："不：疑當為'必'。言功之利民，必合時宜，謂夏衣而冬裘也。"愚案：孫說未審。功不待時，與"罪不在禁"，文義相對。設必待時為衣裘，是所謂“亂則治之，譬猶噎而穿井也，死而求醫也”。《公孟》篇較之治之於未亂，其功奚若。夫惟不待時之功，能普被於天下，若衣裘然；衆人亦安之若素而不覺其功，是其功之所以大也。墨子固枯槁不舍，“雖治國勸之無饜”，《公孟》篇者也。老子曰：“其安易持，其未兆易謀，為之於未有，治之於未亂”，斯則墨家功不待時，備世之急之精義。

三六説**賞：上報下之功也。**

上報下之功也，錯著於後，今依《經》次序移此。此文與經同，似特重申其意，謂功不待時者，“衆人不知其功”，《公輸》篇固難言賞矣。然賞所以報功，必非眞有功者不賞，而賞始至公，可以勸賢。

三七説**罪不在禁。**

言禁令不能使人無罪，顯猶“齊之以刑，民免無恥”之意。此所以貴“繩墨自矯”也。

三八説**罰：上報下之罪也。**

又特重申其義。謂有罪必罰，而罰始可沮暴。此墨家立法之精神。故鉅子腹䵍其子殺人，秦王令吏弗誅，䵍卒行墨者之法以殺之。見《呂氏春秋·去私》篇

三九經**同：異而俱於之一也。**

孫云：“之一：猶言是一，謂合衆異為一。”愚案：老子曰：“萬物得一以生”；孔子曰：“吾道一以貫之”；可見衆異始終於一而已。一與兼，名異而實一。兼者，天地一體，萬物齊觀之謂。《莊子·齊物論》曰：“類與不類，相與為類。”此塙詁也。吾國名學，在在有歸納的精采者在此。

説**侗：**通“同”**二人而俱見是楹也，若事君。**

張云：“一楹也，二人俱見，俱謂之楹，是同也。”孫云：“似言

猶衆人同事一君。”愚案：張、孫二說，俱是而未透宗。《釋名·釋宮室》云，“楹：亭也；亭亭然孤立，旁無所依也；又孤立獨處，能勝任上重也”；是為取楹喻一之義。二人俱見是楹，言人不一，而所見者一，即《經》“異而俱於之一”義。重以事君為喻者，言萬衆莫不朝宗於一，若圜之有中心也，極似尚同之微旨。

此條與下行同、異、同異交得，三條一致。初疑或屬下行錯簡，乃審校旁行，上言功罪賞罰，異也；前後約於一君，同也；下言久宇窮盡，推極乎始與化，莫不寓異同之理。是其脈胳分明，確乎不譌。從知墨子立辯之辭極其別，而所以立辯之旨惟一兼也。此東方文化之異彩也。

四〇**經久：彌異時也。宇：彌異所也。**

此冡上異而俱於之一言。言古今旦莫同一久，東西南北同一宇，頗似佛典無時量無方量之義。經下有“無久與宇”之文可證。

此久、宇對舉，與前功罪賞罰諸條同，疑當分為兩條。以全經通例校之，亦然。顧考之經文，又似本為一條不誤。或以久與宇可分而不可分，遂併為一談歟？姑誌此以存疑。

說久含古今旦莫，宇冡東西南北。

舊本“久”上有“今”字，王校疑衍，孫據刪，非是。案：“今”當為“含”，挩口而譌，又誤倒。含與彌義正相貫，今校正。冡：舊譌作“家”，錯箸“西”下。顧、王二校，均以為衍，孫云非衍，曲為之解，並誤。今從胡適之校改。《中國哲學史大綱》二二九頁

章太炎云：原文“今”字“家”字，均是衍文。刪去，句法斯整鍊。

四六**經益大：** 舊作“大益”，錯簡，從孫校正，以意審校當作“益大”來也

孫云：“此與前云‘損偏去也’損益義似正相對。疑謂凡體損之則小，益之則大也。”愚案：孫說是，而義未圓。“大”下疑挩“來也”

二字。墨氏在在舉約該博，比肩《易》《老》。《老子》曰："物或損之而益，或益之而損。"《易·序卦》云："損而不已必益。"故此以益次損。《雜卦》云："損益，盛衰之始也。"故此云損偏去，益大來。《益卦》六二《象傳》曰："或益之自外來"，尤其證。蓋道必損而後益。其說亡佚，最是憾事！此冡上言大化密移之理。

四七**說**環：**俱氐也。**舊作"假昫民也"，從孫校改

孫云："氐，即柢之損。"愚案：此冡上言化機似有損益，實無損益。《莊子·齊物論》曰："樞始得其環中，以應無窮"，義或本此。

四八**經**庫：**易也。**

盧云："庫：疑'庳'，與'障'同。"洪云："易：當是'物'字之譌。庫者，物所藏也。"孫云："此當從盧校作'庳'。《經說下》景庳字亦誤'庫'，可證；但說無易義，未詳。洪說緣誤為'訓'，不足據。"愚案：盧、孫二說未確。庫，《經》《說》並同，似乎不誤，不必破作"庳"。洪說似可從，亦不必破"易"作"物"。《參同契》曰："日月為易"，"易行周流"是其義，言宇宙為萬物之大庫藏，萬物變易於其中，似有去來也。

說庫：**區穴若，斯貌常。**

孫云："《管子·宙合》篇云：'區者，虛也。'區穴：猶云空穴；區穴若，猶言若區穴，文偶到耳。斯貌常，疑當作'所視庳'。言雖有區穴，視之則庳而不見也。"愚案：孫說"區穴若"，是也；惟破"斯貌常"為"所視庳"，非是。此言庫所以藏物也，而物屢有出入變易；然庫之形貌若區穴然，常存不變。

此冡上言物理雖有損益；究竟循環無端，自有終古不變者在也。

四九**經**動：**或從也。**

孫云："'從'當作'徙'，《經下》篇云：'宇或徙'，此與彼文義

正同。彼‘徙’字今本亦譌為‘從’，可證。《說文》辵部云：‘徙，遂也。’或，當為‘域’之正字。或徙，言人物遂其故所處之地域；是動之理也。”愚案：孫說未確。“從”字《經》與《說》並同，似不誤。非《經下》“宇或徙”之比。“或”亦不必訓“域”。《老子》“道冲而用之或不盈”，《河上公本》注：常也。此與下列首句“止以久也”對文。《經說上》云：“盡俱止動”，動止是墨子之雅言。大都謂天地變化，不過一動一靜而已。動或從，言一化之動，萬有常從之動而不已。釋氏所謂“阿賴耶識，任運而轉”，《易·乾·大象傳》曰：“天行健，君子以自強不息”，均可會通其義。

說動：偏祭從，若戶樞免瑟。

“若”舊作“者”，孫屬上讀，云：“此義難通，疑‘偏祭’當作‘徧際’，謂動則周徧所接之域。偏，徧通。”愚案：孫謂“動則周徧所接之域”，甚是；惟未審者為“若”之譌，“屬上讀”非是；今校改。祭，不必破作“際”；《春秋繁露·祭義》篇云：“祭之為言際也。”《廣雅·釋言》：“祭，際也。”“動偏祭從”，即一動而無不動，感而遂通之義。諺云：“牽一髮而全身動。”并釋氏所謂“一為無量，無量為一，以指錐瀛，傾海顚動”，均是也。”若戶樞免瑟”，張云：“瑟，蝨同。戶樞不蠹，動故也。”孫云：“依張說，免蝨謂免於蠹，義未塙。竊疑‘免瑟’當作‘它蠶’，戶樞與它蠶，皆常動之物。”愚案：孫說不塙，張說是也。《說》文通例言若者，猶《因明論》以喻作結也。

欒廷梅云：“張皋文云‘瑟：蝨同。’按《史記·韓世家》公子蟣蝨，純一案《經說上》下行，免蚈還圜句下，楊引《史記》亦作蟣蝨，蝨《史記》作虱，同《國策》作‘幾瑟’，此瑟、蝨相通之證。”欒君調甫惠寄讀梁任公《墨經校釋稿》，見其於此，引《淮南子·說林訓》頭蝨與空木之瑟，名同實異，以證張說之確。旋又寄示瑟蝨相通之證，書此誌感。十一年七月八日

此條似即《管子》所謂“動化從新”侈靡之義。下行首句繼此言“止以久”，又似言至動之中，有不動者，所以能久；其旨至淵微也。通

以釋氏之說，動者，隨緣也。止者，不變也。遠西進化論者，皆祇知其動，不知其止。故粗膚。

經上下行

五〇**經止：以久也。**

畢云："以，已同。"張云："止以久生。"孫云："謂事歷久則止。"愚案：畢、張、孫說均未允。止對動言，靜也。謂天地變動中，有靜止者存，所以能悠久也。故《說》以無久之不止，有久之不止，分釋"止以久"之義。

說止：無久之不止，當牛非馬，若矢過楹；有久之不止，當馬非馬，其人過梁。

言天地以止而能久。而止在不止之中，約分兩端。（一）無久之不止，若矢過楹，時雖至短，詎知"鏃矢之疾，而有不行不止之時"。《莊子·天下》篇乃衆以暫雖不止，不久即止；其理易見，猶當牛非馬之說也。（二）有久之不止，若人過梁，因歷時長，雖在逆旅之中，常有即行即止之時。乃衆不知其不止，正所以為止；其理難見，猶當馬非馬之說也。

五一**經必：不已也。**

孫云："《說文》八部云：必，分極也。"畢云："言事必行。"愚案：孫、畢二說，均是而義未圓。《說文》'必，从八弋'；言立弋，分界。段注："極，猶準也。立表為分判之準，故曰分極。"此冡止而次之，言當分極是非，止於一是，終生以之而不已。桂馥《說文解字義證》云："《太玄》度次八赤石不奪，節士之必。注云：石不可奪堅，丹不可奪赤，猶節士之必專也。"賈誼《新書·道術》篇云："克行遂節謂之必。”是知“必”者，志節剛毅，不可搖奪之義。故《說》云：“必，謂臺執者也。”

五九**經**方：**柱隅四讙也。**

讙：吳鈔本作“驩”。孫云：“疑皆‘雜’之誤。《呂氏春秋·圜道》孫引誤作《論人》篇云：‘圜周復襍’；高注云：‘襍：猶匝。’《周易·乾鑿度》鄭康成注云：‘方者徑一而匝四也。’此釋方形為柱隅四雜者。謂方柱隅角四出，而方冪則四圍周帀，亦即算術方一周四之義。方周謂之雜，猶《呂覽》謂圜周為雜矣。”張云：“讙：亦‘合’也。”愚案：孫說非。‘讙’‘驩’皆同‘歡’，‘歡’；或作‘懽’，《國策·秦策二》“而大國與之懽”注：“懽：猶合也。”故張訓為“合”。《周髀算經》云：“合矩以為方”，似不必破“讙”為“雜”，而帀意自具。

說方：矩見交也。

交：舊作“支”。孫云：“見支，疑亦當為‘寫交’。矩寫交者，以矩寫方形，其邊綫周帀相湊，及隅綫相午貫，亦皆謂之交也。張云：‘見寫大同’，非是。”愚案：“支”可從孫校改作“交”，“見”從張說，仍舊可也。言方以矩相合而成。

七〇**經**法：**所若而然也。**

畢云：“若，順。言有成法可從。”愚案：“法”本作“灋”，《說文》廌部云：“刑也。平之如水，從水。廌：所以觸不直者去之。從廌去，今文省。”從知法者，所以齊天下之不齊也。《經下》曰：“一法者之相與也，盡類若方之相合也”，可證。此墨家平等精神，寓於法理者也。

說法：意、規、員三也俱，可以為法。

孫云：“《說文》貝部云：員：物數也。”愚案：孫說非是。此釋《經》所以為法之故。意之為法，即本一切法之原理，臨時審度之。如

《大禹謨》“宥過無大，刑故無小”之類是。以法不可恆定而不變，故《管子・任篇》曰：“法者不可恆也。”今世最新法理，有所謂“量刑主義”者近之。規之為法，猶《法儀》篇“為方以矩，為圓以規”之義。使羣依一定之法理以制行也。員之為法，猶《大取》篇所謂“小圜之圜，與大圜之圜同”。使人事無大小，“倚革邪化”《管子・版法》也。

準此知墨子言法，特以濟德治之窮，駕諸法家而上之。《尹文子・大道下》篇曰：“聖法者，自理出也；理出於己，己非理也；己能出理，理非己也。”即此意、規、員三也俱之義。

七一**經佴：所然也。說佴然者也，民若法也。**

孫云：“《爾雅・釋言》云：佴：貳也。郭注云：佴次為副貳。”愚案：此冡上而次之。言既有成法，必有副本，使衆知其然。故《說》云：“民若法也。”《易・繫辭下》：“因貳以濟民行”，義同。《說文》刀部“副”下段注，周人言貳，漢人言副，頗信。

七四**說不若當犬**

孫云：“當犬，若上云當牛當馬。言辯牛之是非而不當，不若謂狗為犬之當也。”愚案：孫說未允。此言辯牛之是非，當不當顯而易見；非若當犬，或可謂之非犬，而謂之狗也。

七五**說為：欲雜其指，智不知其害。是智之罪也。**

此說較諸他條，文獨甚冗，疑本文至是“智之罪也”止。餘由傳寫者，誤將後人釋文羼入。大旨教人求眞知，勿任欲偏勝也。

八三**經合：正，宜，必。說合：**舊作“古”**兵立，反中，志工，正也。臧之為，宜也。非彼必不有，必也。聖者用而勿必必也者可勿疑。**

兵立：當作“共立”。共：古“恭”字，《詩・韓奕》“靖共爾位”箋。反中，言反復於至中之道。孫云：“疑當作‘反也’”，非是。志，即天志；志工，即《天志中》“順天之意之善意行，善言談，善刑政”；

《書·皋陶謨》“天工人其代之”義同。孫云：“‘工’疑‘功’之省”，未允。臧，善也；見《爾雅·釋詁》。言所為而善，無不宜也。孫疑“臧”當為“義”，未可從。“非彼必不有，必也，聖者用而勿必必也者可勿疑”衍“勿必”二字，又多誤倒。當作“必也者，非彼必不有；聖者用而可勿疑，必也”。言必之定義二，其文易明。

八四**經** **欲正權利，惡正權害。**“惡”上舊衍“且”字，從孫校刪

凡經首必標題，此獨無。以說審校，“欲”上疑挩“權”字。

說 **權者，兩而無偏。**“權”舊作“仗”，從孫校改

孫云：“言兩權利害，無所偏主。”愚案：欲易偏，權其果利與否而欲正。惡易偏，權其為害如何而惡正。故荀子曰：道者，古今之正權也。離道而內自擇，則不知禍福之所託。《正名》篇

八八**經** **同異交得，放有無。**

張云：“‘放’疑‘於’字之誤。有無相交，則得同異。”孫云：“張說非是。‘放’疑當為‘知’。說云‘恕有無’，‘恕’當為‘恕’之譌，知，恕字同。”愚案：張、孫二說均非。“放”字不誤。《論語·里仁》“放於利而行”，《集傳》引孔注：“放：依也。”言同異依有無而交得。老子曰：“常無，欲以觀其妙；常有，欲以觀其徼；此兩者同，出而異名。”或其所本。《大取》篇云：“有其異也，為其同也；為其同也異。”即此同異交得之義。

上二條分析異同，此條遣除異同，是為墨學以分析名相始，以遣除名相終之確證。

說 **於福家良恕有無也。**

孫云：“疑當作‘於富家食’。楊以於富經文之放非是。“恕”當作恕，與‘知’通。”愚案：楊說似可從。孫破“良”作“食”，並讀句均非。惟謂“恕”當作恕，通“知”，是也。福、富古通，福家即

富家，言無不有也。《釋名·釋言語》"良：量也。"量知有無，與比度多少對文。

八九**經**聞：**耳之聽也。**

孫云："經說上無說，疑有缺佚。"愚案：下文"循所聞而得其意，心之察也"，當為此經之說，必由魯勝以後，誤分而譌。蓋"聞耳之聽也"，與"言口之利也"，對舉成文。"循所聞而得其意，心之察也"，與"執所言而意得見，心之辯也"，亦對舉成文，乃連四條均無說。足見"循所聞"十一字，為此經之說；"執所言"十一字，為"言口之利也"之說；無疑。且"循執"二字，均非經題，亦足證也。

此言耳根善聞，頗似佛典言聞性圓通之理。

九三**經**諾：**不一利用。**

孫云："謂辭氣不同，於用各有所宜，若說所云五諾也。"愚案："不一"兩字，疑本一"五"字脫而致譌，《說》文可證。

說諾：**超城員止也。相從，相去，先知，是，可，五也。**舊作"色"，從孫校

孫云："'超城'二字誤。'員止'疑當為'負正'。《九章算術·方程》篇有正負，負，即下云'過五諾若負'；正，即下云'正五諾'也。"愚案：孫說未盡確。超，疑當為"起"之譌。《曲禮上》"唯而起"，《說文》口部"唯"，諾也。蓋既諾必起無疑。"城"疑為"之成"二字之譌。之、土形近而誤。之，往也。既諾而起，必有所之，即必有所成就。員，"通圓"；謂圓成其事。止，謂止於所諾之事，不他顧也。適合五數。相從，謂起而相從也。相去，謂有所之而去也。孫云："《說文》去部云，去人相違也，謂口諾而意不從"，非是。先知，謂欲成其事，當先知其故也。是，《荀子·富國》篇"其所是焉誠美"注，謂可其意也。言果欲圓成其事，無不可人意者。可，猶善也。《禮·檀弓》"雖欲勿殤也不亦可乎"釋文，可本作善。言從事於所諾而止，

則其結果必甚善矣。

無直無說。舊在後，從孫校移

孫云："直，疑當為'知'，聲轉而譌。"愚案："直"字不譌，《說文》部云，"直：正見也。"言無正見而諾，即非正諾，等於無說也。

長短前後輕重援。

孫云："此疑亦論諾之不同。"愚案：援，疑"緩"之譌，《禮·玉藻》"父命呼唯而不諾"注，唯速而恭，諾緩而慢。"緩"上且當有"速"字，始與上文相類。

九四**說說則求執之**"說"舊作"九"，從孫校改

孫云："《說文》說，訓言相說伺；求執，即相說伺之意。"愚案：孫說似未允。此言兩執不服而難成，務以言求其成；追說視既久，有以平之。然後求得其所執持者，為不偏矣。

九五**經巧傳則求其故。**"傳"舊作"轉"

言當於所傳之巧，求其所以然之理。

九七**經法異則觀其宜。說法法取同，觀巧傳法，取此擇彼，問故觀宜。**

上經三條，以說校之，當為一條。或校者以不合經文通例，分而為三，遂致傳寫成譌。然合為一條，亦與諸經不類。疑"巧傳則求其故"為經。"法同則觀其同，法異則觀其宜"，并為說文錯簡；當著於說"法法取同"下。"法法取同"，又當著"觀巧傳法"下。作"觀巧傳法，法法取同，法同則觀其同，法異則觀其宜，取此擇彼，問故觀宜"，似較妥。下文"彼舉然者，以為此其然也，則舉不然者而問之"，又極似"取此擇彼，問故觀宜"之案語。初未羼入正文，傳寫者遂致誤著於後也。但如此校，未敢自信，姑存疑以質來賢。

綜此條大旨言之。巧之能傳必有其故。如何求之？當觀其所以為

巧之法，孰同孰異？即於衆法中取其同，甄其異，而審其宜，取此擇彼，庶乎巧可傳矣。然猶當反復討論所以為巧之故，而觀其在在合宜與否，以求精進也。

九八**說**止。**以人之有黑者，有不黑者，止黑人；與以有愛於人，有不愛於人，止愛人，是孰宜止。**後二“止”字，舊並譌“心”，從張校改。

舊“以人”上，無“止”字，而“不黑者”下有“也”字，殊贅；疑即述經目“止”之譌而誤倒，今校正。此言人之黑不黑，不相妨也。乃以不黑之人，止黑人使不黑；不知黑由性成，是不能止者也。若人無不當愛人者，亦性所不能已也；乃以不愛人之人，止愛人之人使不愛人，是尤不宜止者也。

墨子色黑，見《貴義》篇。此或有感而發，亦足為《經說》皆墨子自著之一證。

九九**經**聖**無非。**“聖”舊作“正”，從孫校改。**說**若聖人有非而不非。**

孫云：“言聖人於人，雖有所非，而非其所當非，則與無所非同。”愚案：孫說亦通；但以墨“經”與“說”各條文義，往往相銜接校之，此冡上文為次。言聖人與衆人別道，聖人有是無非。若以聖人為可非而非之者，特不識聖人者也，聖人固不可非也。此似墨子隱自況也。

經下上行

一**經**止：**類以行之，說在同。**“之”舊作“人”，從孫校改。

楊云：“《小取》篇夫辭以類行者也。”愚案：《老子》曰：“名亦既有，夫亦將知止，知止可以不殆。”止，即歸宿之義。《說文・止部》云：“歸：女嫁也，從止，從婦省，自聲；謂婦止於是也。”此所謂止者，謂立言必有歸宿也。所謂類者，即因明論之所以為喻，同品異品，所由決定也。類以行之者，謂當取諸已知之相同者，予之未知之相同者而知之也，要在彼此同一歸宿也。故云說在同。

說止：彼以此其然也，說是其然也；我以此其不然也，疑是其然也。此然是必然則俱。純一初審校辭旨，以未歸到止上，於此注云疑有挩文。今見《墨經校釋》以此七字，由下條移此，實獲我心，欣然從之。而梁並改《經說》"止"作"正"，非。蓋止者，墨經注重歸納之要旨也。十一年七月五日

凡物之同一歸宿者，必有同一之故，而其類雖必盡同一。則在彼以為然者，在此或以為不然；而又不能謂其決不然，亦且疑其為然。此論理歸納法，求同求異，或同中求異，異中求同，必經之程也。必至明於其類，決定初之未敢遽以為然者，亦信為必然，斯同異交得矣。

三**經物盡同名：二與鬬，愛食與招，白與視，麗與暴，**"暴"從顧校補**夫與履，……**

此文下疑挩"說在口"一句

四**經一偏棄之……**

此文下疑亦挩"說在口"一句。案此條當合第六條為一條，因錯簡故，傳寫者遂并說誤分為二矣。今旁行次序下列獨闕，似亦一證。

五**經謂而固是也，說在因。**

《管子·心術上》篇曰："因也者，舍已而以物為法者也。"言所謂，求確合乎實際，道在因物付物。依據物觀的標準，不可雜以主觀的偏見。與此正同。孫云："說無因義"，謬。

說有文實也，而後謂之；無文實也，則無謂也；不若敷與美。張讀"不若敷與"句云："敷與汜與也。"孫云："'不'字疑衍，'敷與美'疑當作'假與義'。"愚案：張、孫二說并誤**謂是，則是固美也。**孫云："'美'疑亦'義'之誤。"愚案不誤**謂非，**舊作"也"，義不可通。孫疑當讀為他，未得解，竊以當為"非"字草寫，形近而譌。今校改**則是非美，**孫云："疑亦非義，即所謂假當作'義'；也。"愚案：孫說非**無謂則報也。**孫云"報"與"美"，文相偶。疑即上文之"敷"，亦當為"假"之譌。愚案孫說非是

有文實也，而後謂之；無文實也，則無謂也；與《管子·心術上》

篇云："因也者，無益無損也"義同。不若數與美：《書·堯典》"欽若昊天"《傳》"若：順也。"《舜典》"敷奏以言"《傳》"敷：陳也。"《論語·公冶長》"吾與女弗如也"，《皇疏》"與：許也。"言無文實，不得順私數陳妄許其美。謂是則是固美也，謂非則是非美，言因其是謂之是，則是固是美也；因其非謂之非，則是固非美。無謂則報也，《呂氏春秋·貴因》篇"子以是報矣"注："報：白也。"言無謂，即是表白其無可謂之實也；皆所謂因也。故《莊子·至樂》篇曰："名止於實。"

七**經不能而不害，說在害。**

孫云："《經說下》有說而義多難通，大意似謂凡事有害於人者，不能不足為害。"愚案：孫說以說義校之，似不符；因說中未嘗有害人之事。疑下句"害"上挩"不"字。

說若耳目異。

異字，當從《墨經校釋》，移著於下條之首。

九**經偏去莫加少，說在故。說偏：俱一，無變。**

此即釋氏不增不減之說。《莊子·齊物論》曰："凡物無成與毀，復通為一"，義與此同。

一五**經宇或徙，說在長。宇久。說長宇徙而有處宇。宇，南北在旦有在莫，宇徙久，無久與宇。**

說在"長"下"宇久"二字，似錯簡。今以《經下》通例審校：首句多係隨意立宗，下句多以說明因由作結，似乎說在"長"下，不宜又贅"宇久"二字。若移著句首，文義似均較合。言宇與久無從分剖；因宇不能恆定而不轉徙，歷時既長，即成久也。《說》言從大宇長時遷徙中，而知有處宇；不知即此處宇之南北，固已忽而在旦，忽又在莫，徙之已久；果何有久與宇之區別。孫校經文"宇或徙"，"或"字泥作古"域"字解，非是。舊"無久與宇"四字，錯箸此經文後"堅白說在因”上，張校移著此經說在“長宇久”下，今以意推勘，似當著此為宜。因此文以宇攝久，重在“徙”字。蓋謂三世無世，十方無界，較經上“久彌異時宇彌異所”，時方對破，尤顯明，不得不有此結論也。但不知此文何由錯簡，或因魯勝引說就經，後人誤分致譌爾。管測如是，未知確否？純一此稿，寫於十年春季，今見《墨經校釋》依經說位次，移“堅白說在因”條箸於此經及說後，首冠“無久與宇”四字，而此條“宇徙久”下作……，適與鄙意暗合，頗足為愚者一得之證，因加識數語於此。十一年七月六日

一六經堅白，說在因。說無堅得白，必相盈也。

經“堅白”上舊有“無久與宇”四字，張校移著前《經》“宇或徙說在長宇久”下，今移置前《說》“宇徙久”下，詳前。孫云：“說無久宇及因義，未詳。”愚案：孫云說“無久宇義”，固未審為錯簡也；謂說“無因義”，殊謬。《呂氏春秋·盡數》篇“因智而明之”注：“因：依也。”此言堅與白相依不離，即說相盈之義。說“無堅得白”下，據公孫龍子文，疑脫“無白得堅”四字。孫疑“必”當為“不”，非。言經及說，似皆未全，甚是。竊疑經及說或並為其他言堅白各條錯簡也。此條純一前從經文次序，列在“鑑團景一”後，因“鑑團景一”下，舊有“不堅白說在”五字，疑即此五字之衍文又譌因為“不”，倒著“堅”上，於義當删，即以此條次之。今見梁校依經說位次移此，甚是，從之。顧梁於說，斷“無”字為句，增“撫”字，純一不敢贊同。竊以經上標題，恆注重句首第一字；然如“日中”、“有間”、“堅白”、“同異交得”、“服執說”諸條，即不爾也。經下注重說在某某之結論，恆一字或三五字不等，不能同經上一例看也。梁云：“胡適乃割彼條下半，與本條合為一條云云”，純一未之見。十一年七月六日附誌

一七經在諸其所然，未者然，說在於是推之。說在堯善治，自今在諸古也；自古在之今，則堯不能治也。

孫云：“說云‘在堯善治，自今在諸古也，自古在之今，則堯不能治也’。在：疑當作‘任’。所然，謂所已然，即謂自今任諸古也。未者然，疑當作‘諸未然’，即所謂自古任諸今也。古書‘諸’或作‘者’，聲之省也。‘者未然’上，亦尚有挩字，今無從校補。”愚案：在，察也。孫疑‘在’當作‘任’，非；以‘未者然’當作‘諸未然’，‘者未然’上有挩字，是也。今擬增“取”字，作“取諸未然”。《小取》

篇曰："推也者，以其所不取之同，於其所取者予之也。"取：擇用也。《韓非子·顯學》篇曰："孔、墨俱道堯舜，而取舍不同"，可證。蓋推理之妙用在此。審校《說》義，似言古今異宜。堯在古時善治，在今未必能治，教人不必篤舊也。《莊子·在宥》篇曰："昔堯之治天下也，使天下欣欣焉，人樂其性，是不恬也，非德也；非德也，而可長久者，天下無之。"又《秋水》篇曰："堯桀之行，貴賤有時，未可以為常也。"皆可為此說之塙詁。蓋孔、墨同稱堯舜，而墨子獨能創教之精神，即此可見。案荀卿法後王，韓非不期修古。《韓非子·五蠹》李斯且謂道古害今。《史記》列傳當本此變而加厲矣。此條經文，舊誤著於後光學諸條中，頗知為錯簡，未能校正。今從梁校，依說位次移前。

二〇**經臨鑑而立景到。**畢云即今"影倒"字正文**多而若少，說在寡區。**

此即今照相鏡匣之理。如有人或物臨鑑而立，中間隔以有小孔之物，使光線自闊而狹，約行相交，穿過小孔，則人或物下方之影，必射於鑑之上方；上方之影，必射於鑑之下方，而成倒影，故曰影倒。其形必較原形為小，故曰多而若少。其妙用由小孔而顯，故曰說在寡區。

說景，光之人煦若射。

孫云："之：猶與也；言景光與人參相射，此釋《經下》住景二說在重。"愚案：孫說非。之：至也，見《詩·柏舟》"之死矢靡它"箋。此言光至人身，煦然四射，正釋影倒之故。下文六句，皆說明此理也。

下者之人也高，高者之人也下。足敝下光，故成景於上；首敝上光，故成景於下。張云"敝"讀曰"蔽"

孫云："此釋《經下》'二臨鑑而立，景到，多而若少，說在寡區'。寡，疑空之誤，即謂窪鏡中為圓空也；但說無多少寡區之義。"愚案：孫以《經下》上文"二"字屬下讀，誤。其疑"寡"為"空"之誤，亦通。謂窪鏡中為圓空，則未審。蓋物當窪鏡，皆成倒影；不必中為圓空。若為圓空，必穿過始成倒影。至多少寡區之義，自在所以成倒影之說明中，不待贅。孫說未免過泥。

二四**說**景當俱就，去尒當俱，經說合編“尒”誤，從畢校作，亦未注明殊疏漏俱用北。

畢云：“‘尒’疑‘亦’字”。孫云：“‘用北’疑當作‘由此’，言俱之義猶比也。”愚案：畢誤。尒：古“爾”字；《路史》屢見。《說文·八部》云：“詞之必然也。”孫未得解。此即為規識景之理。《周禮·考工記》：“匠人建國，水地以縣，置槷以縣，眡以景，為規識日出之景，與日入之景。”其法以水平地，方一二丈，為規可數重，置槷即臬於中，以縣正之，眡日東出，並日西入，槷端景齊規者皆識之，所謂當俱就也。景出規外者皆去之，所謂去尒當俱。所以俱就俱去者，使東西如一，審密而正也。東西正，又中屈之以指槷，則南北亦正。故識景必用北，不得用東與西，以吾國居赤道北也。《經上》“日中正南也”，無說。疑即此經。

二五**說鑒者之臭：於鑒無所不鑒；景之臭無數，而必過正；故同處，其體俱，然鑒分。**

張云：“‘臭’字未詳，義當作‘道’字解。”殷云：“臭之為言蓄也。”孫云：“‘臭’疑並當作‘具’，‘具’與‘俱’通。”愚案：張、殷、孫均未得解。臭：氣也。《禮·月令》：“其臭羶。”《易·繫上》：“其臭如蘭。”臭即氣之別名，墨子善望氣，《迎敵祠》篇“凡望氣有大將氣，有小將氣，有往氣，有來氣，有敗氣，能得明此者，可知成敗吉凶”。是其證。蓋文王之有靈臺，關尹之候老子，皆足徵也。墨子或更能以鑒實驗鑒者之臭，而知其心術之邪正也。人當極樂與盛怒時，所發之氣必懸殊；則仁人與暴人所發之氣，亦必懸殊。此在定力深者，原不須鑒而心通；今以鑒燭鑒者之氣觀之，當較遙空望氣尤可據；故曰於鑒無所不鑒。因鑒者景既臨鑑，其臭必過正而萬殊；雖同處體俱，鑑能一一分別，莫能隱遁也。案《西京雜記》載咸陽宮有方鏡，廣四尺，高五尺九寸，表裏有明；人直來照之，影則倒見；想鏡而必凹以手捫心而來，則見腸胃五臟，歷然無硋；人有疾病在內，則掩心而照之，則知病之所在；又女子有邪心，則膽張心動；秦始皇常以照宮人，膽張心動者此為心理作用則殺之。今X光燭物無礙，豈秦鏡亦以白金類X光者同其製歟？墨子多才多藝，其所為鑑或亦類此歟？抑或墨子"執玄鑑於心，照物明白"，《淮南子·修務訓》不過藉鏡而益顯歟？姑述以備考。

三五**經或：過名也。說在實。**

孫云：或："域"正字。過名，謂過之而成是名；若過北而成南，過南而成北。實：謂方域有定，與方名無定文相對。《墨經校釋》云：或：迷惑也。過：錯誤也。名實舛錯謂之惑。愚案：孫說未知確否，梁校近是。純一向以孫泥"或"為"域"正字非是，而以《小取》篇云"或也者不盡也"，孫注云"《易·乾文言》曰，或之者疑之也"，當此"或"字之義，今見梁校，似較孫校為近，故並錄之

說或：知是之非此也，有知是之不在此也；張云"有"讀曰"又"**然而謂此南北，過而以己為然。**

言南北所在無實，人亦恆知是南是北之無定；然竟謂此為南、謂此為北而不疑；是惑也。梁校"然而謂此南北"句，改"南北"作"曰此"，非是。

始也謂此南方，故今也謂此南方；無南北。

"無南北"三字，舊作"無南者"，在《經說下》下列"有窮則可盡"上，與上下文均不類；盧、張、孫沿譌為解，均謬，不可從。竊疑此因魯勝引說就經，後人又分之以復其舊，致誤而箸彼；"北"字又因草寫形近者而譌，今移箸於此，若符節合。竊喜為一得之愚也。此言實無南北，人惟依方始有南北；若離於方，則無有南北之惑也。《大乘起信論》所謂"依方故迷，若離於方，則無有迷"，《老子》曰："大方無隅"，均此義也。

三六**經**知之否之，足用也諄。舊作“諄”，從張校改 **說在無以也。說智論之，非智無以也。**

張云：“智讀曰知，知而後有論。”孫云：“疑有挩誤。經文亦有譌挩。”愚案：孫說非。墨子立辭簡淨，文約義豐，大都類此；此以非知識圓滿，無以立言寓意也。《經》云：“知之否之，足用也諄；”《中庸》曰：“人皆曰予知，驅而納諸罟擭陷阱之中，而莫之知辟也。”老子曰：“不小覺，不大迷，不小慧，不大愚”；《文子·上德》可為塙詁。所謂無以者，《尚賢下》篇曰：“王公大人，有一罷馬不能治，必索良醫；有一危弓不能張，必索良工；當王公大人之於此也，雖有骨肉之親，無故富貴，面目美好者，實知其不能也，必不使；是其義。”此知《經》與《說》俱無挩譌也。

三九**經**於一疑為“石”字殘缺 **有知焉，有不知焉；說在存。說於石，一也。堅白二也，而在石。故有智焉，有不智焉，可。**

此所謂“存”，即《公孫龍子·堅白論》篇“藏”之義。言堅白藏於石，不能離石而獨存；因堅與白並無自體，故徒知有堅白者，謂其於堅白有所不知，可也。

四〇**經有指：於二而不可逃；說在以二參。**舊作“絫”，從張校

此條大旨，蓋謂止知其一，不知不一之即一，即是不知一。真知一者，指一知二，指二知一，有指自無不傳矣。佛典所謂一實中道，離二邊執，此可與會其通。

四一**經所知而弗能指，說在春也。逃臣，狗犬，遺者。**“遺”舊作“貴”，從張校改

孫云：“‘春’字誤。”愚案：不誤。《禮鄉·飲酒》：“春之為言‘蠢’也。”鄭注：“蠢，動生之貌也。”又《釋名·釋天》：“春，蠢也。萬物蠢然而生也。”《莊子·齊物論》曰：“愚者自以為覺，竊竊然知之”；是其義。“逃臣狗犬遺者”六字，疑涉經說而衍。

章太炎云：春即春夏秋冬之春，言春之去來，人知之莫能指之。

說**所春也。**

張云："下云'臧也今死而春也得文'，則春為人，疑不能決。"愚案：張說非，"所"下疑捝"謂"字。春，當從章說為是。

經下下行

四四經**所存與者，**張云"與"下脫"存"字**於存與孰存駟異說。**張云"駟"衍，"異說"下脫，疑當云"說在主"

當從張校移中"存"字箸"者"上，下增"在主"二字，並當刪"於"'與'二字，作所存與存者，孰存？異，說在主。"駟"則下條之譌文。

說**天常中在兵人長所。**舊"天"譌"大"，從道藏本吳鈔本正，"在"，據經及下文當作"存"。"兵"、"長"並當從孫校改"其"**室堂，所存也；其子，存者也；**孫云："'其'疑當為'某'之譌。"愚案：《詩》云："彼其之子"，與此同，不必破作'某'**據存者而問室堂，**"據"當作"主"，"存"舊作"在"，從張校改**惡所存也？**"所"舊作"可"，從孫校改**主室堂而問存者，孰存也？是一主存者以問所存，一主所存以問存者。**

言論理當隨主義所在，辨明"能""所"立辭。即印度三支論隨自樂為立宗之旨。因以天常對人物之無常言，天常中所存者人與物耳；物之切於人身，似較能久存者，莫如室堂；室堂是人所存者也，人是所以存室堂者也。乃主人而問室堂，往往人存而室堂或存或不存；又主室堂而問人，往往室堂存而人或存或不存；是一主存者以問所存，一主所存以問存者，均不能如天之至常而久存也。《莊子·天地》篇曰："有形者，與無形無狀而皆存者，盡無。"

四五說**五合，水土火。**

孫云："疑當作'木生火'。"張云："五行自相合者，水土火；金待火而合，木待金而合。”愚案：孫、張二說均未允。此疑當作“金木水火土”，“水”上脫“金木”二字，而“火”“土”又誤倒。《文子·自然》篇曰：“金木水火土，其勢相害，其道相待。”與此《經》“五行毋常勝”，並《說》“五合”，文義符合；可據正。

四六**經無欲惡之為益損也，說在宜。**

孫云：“《經上》云，平知無欲惡也，《說》釋以惔然，蓋謂淡泊無所愛憎，於人己或益或損，隨宜無定；或疑為‘益損’當作‘無益損’。”張云：“欲惡去之，有益有損，視其所宜。”愚案：孫引《經》及《說》不誤，餘與張說並非。以此欲屬積極的為益，惡屬消極的為損，皆害性者；必無欲惡斯宜也。《莊子·則陽》篇曰：“欲惡之孽，為性萑葦。”是其義。

說若識麋與魚之數，惟所利，無欲惡。傷生損壽，說以少連。孫校云當作“適”**是誰愛也？嘗多粟。**

孫云：“謂節嗇以養性也。”愚案：此言若麋與魚，皆人所利以為食者，無欲麋而惡魚也。蓋欲與惡，傷生損壽一也。惟無欲惡，庶稍安適也。因愛麋與魚，即傷生損壽；以麋魚與自性較，果誰愛也？若自愛，惟宜多食粟。《論語·鄉黨》篇曰：“肉雖多，不使勝食氣”。義略同。此猶今衛生家主張菜食論者。

或者欲不有能傷也，若酒之於人也。

孫云：“疑當作‘或者欲有不能傷也’；言也粟而或欲有之，然徒欲不足為益損也。”愚案：孫未得解。此欲依上麋魚言，非依多粟言；或以欲屬麋言，惡屬魚言亦得。《孟子·告子》篇“魚我所欲也，熊掌亦我所欲也，二者不可得兼，舍魚而取熊掌者也”，義同。此言麋優於魚，故欲麋而惡魚；後文專言麋可證。然欲惡皆貪也，麋、魚不過藉以形其貪者也；貪則足以傷生，固不必分言；惟以欲兼惡言之可也。此句疑當作“或者有欲不能傷也”，謂或者以為徒有貪欲不能傷生。不知欲若酒然，貪者以為無傷，實則傷生損壽。

且恕人利人，愛也，則唯恕弗治也。

孫云：“徒知不足為益損，或云‘唯’與‘雖’通，‘治’疑當為‘給’，言知愛利人，而力不可徧給，亦不足為益損也。”愚案：孫說均非，惟謂“唯”與“雖”通可從。此言恕人未有不以麋、魚為利人，因以示愛者；然眞能自愛愛人者不然。蓋“人之生，動之死地”者，“以其求生之厚；夫唯無以生為者，是賢於貴生”。《老子》則雖恕者弗治也；然果如何為治，在損去性餘之欲惡如酒然。

四七**說損飽者去餘。**

孫云：“言損去其多餘者。”愚案：孫說未憭。《說文》：“飽，猒也；从食包聲。”《左氏》昭十二年《傳》注：“去其醉飽過盈之心”，《疏》“食充其腹謂之飽，酒卒其量謂之醉；醉飽者，是酒食猒足過度之名。”此繼上文言飽食與醉酒，同一傷生損壽；必損去其過量者，始不為害也。《論語·鄉黨》篇云：“不多食”，義同。

適足不害，能害，飽。

孫云：“‘能’與‘而’通，‘害飽‘疑當作‘飽害’，言若食適足不害於人，而過飽乃為害。”愚案：“能不”必通“而”，“害飽”不必作“飽害”，亦通。言食適足而止，不害於人；能為害者，在過飽耳。《莊子·達生》篇曰：“飲食之間，而不知為之戒者，過也。”大旨與此略同。

四八**經知而不以五路，說在久。說智以目見，而目以火見，而火不見。惟以五路知，久不當。以目見，若以火見。**

孫校“知而不以五路說在久”，於《經下》篇旁行句讀下列云：“有誤。”又以“以自見若以火見”斷屬下讀，於“以目見”下云：“當挩

‘火’字。”愚案：孫說均非。“五路”即眼、耳、鼻、舌、膚，言凡知物必由五官之路。今不以五路者，因物物有名，相傳既久，故即名而知。下文“知其所不知，說在以名取”，與此可互明。“智以目見，而目以火見，而火不見”者，即《公孫龍子》“火與目不見，而神見”之本。《堅白論》此“智”即“神”，釋家稱“識”。言人之有知，以為由目而見，而目又由火而見；詎知目不能見物，火亦不能令目見物；蓋目與物離，火雖助緣，究不能合目與物以成見；必由神以合之而後成見。故曰“火不見”。此知五路離神不能知物，故惟以五路知物者，雖久亦不當。若謂離神惟以目能見，猶若無目而以火能見也，有是理乎？

章太炎《國故論衡·原名》述此，斷上文“智者若瘧病之之於瘧也”上“之”字訓“者”屬此條，非是。又以“久”為讀，“不當以目見”為句，“若以火”為斷，似均未審。其以法相宗眼識九緣之前五緣，釋此五路，竊以墨氏雖精，恐尚無此邃密。然若“五路”專屬“目”言，則必如此釋，如為精審。顧觀《經》云：“知而不為五路說在久”；《說》云：“惟以五路知久不當”，與《經》反證以相成；顯由五路轉入目，又由目轉入所以能成見之智；由粗入細，逐次顯眞，似乎“五路”衹合以五官釋之。然章說精闢，閱者允當參究。又《公孫龍子》“火與目不見而神見”之說，於此條之微旨，闡發無遺。是即佛教所謂一切法相不離識也。後人輒以詭辯非之，陋矣。

五一**經無：不必待有。說在所謂。說無：若無焉，則有之而后無。無，天陷，則無之而無。**

張云：“有有而無，有無而無，視其所謂。天陷，或謂天所缺者。”孫云：“言所謂不同，‘焉’疑當作‘馬’，‘馬’為物名，必先‘有馬’，乃可言‘無馬’也。‘天’疑當作‘失’，戒人無失陷為虛言，則先未有此事，而豫相敕戒，亦可言無；所謂不必待有也。”愚案：張說是也。孫說"焉"當作"馬"可從，餘均非是。無者，兼之總和也；有者，兼之分體也。無本不必待有，斯可謂有；不過淺人以為非有謂之無，必待有始謂之有；所謂有不同耳。因言世俗所謂"無"者，不外二種：一若言無馬，是既有而後無者也；二若所謂無，屬於天然之缺陷，如龜無毛、兔無角，則是本無而無者。孰知舍此二種"無"外，不必待有之"無"，尚無量也。

章太炎云：《說文》"無"，古文奇字作"无"，譚長說，天缺西北謂之无，純一案：《說文》作"王育說天屈西北為无"此言天陷是也。無之而無，謂本無未缺之時也。

五四**說髮均縣。**

公子牟曰："髮引千鈞，勢至等也。"《列子·仲尼》篇慎到曰：措鈞石使禹察之，不能識也。縣於權衡，則氂髮識矣。《意林》均本此。

五五**經堯之義也，生於今而處於古，而異時；說在所義二。**

孫云："'生於今'與'處於古'，義迕，'生'疑當作'任'，形近而誤。《說》云：舉友富商也，是以名示人也，'任'與'舉'義同，言於今舉堯之義。《說下》又云：在堯善治，自今在諸古也，'在'疑亦'任'之誤。"張云："二，名實。"愚案：孫沿《說》之譌為解，并斷"二"字屬下條，均非。張說是也。《韻會》：生，死之對也。此言堯之義名，至今未滅，猶生也；而義之實處於古；古今異時，故所義二。

說堯霍畢據下文作"臛"**或以名視人，或以實視人。**張云，堯者名，臛者實。愚案"臛"當作"臞"

孫云："堯、霍二字，為下文發耑。篇中'霍'字婁[1]見，以意推之，似並當為'虎'之譌；然於此文不合。畢云：'據下文作臛'，張從之，未知是否。"愚案：畢、張、孫均未得解。"霍"並下文"臛"，均當為"臞"之譌。《文子·自然》篇曰："神農憔悴，堯瘦臞"，當據改；下同。蓋堯所以瘦臞，為勞天下而致；正其義之實也。

[1] 當爲"屢"。——編者註

舉友富商也，是以名視人也；指是臞也；“臞”當作“腥”**是以實視人也。堯之義也，是聲也於今；所義之實處於古。**

孫云：“‘視’與‘示’通，舉友之富商以告人，是示以名也；指臞以示人，是示以實也。”愚案：“友”當為“堯”草書形近而譌，“富”當為“寔”上半形近而譌，又誤倒，校者不識，望文生義，贅一“商”字，遂與《經》及《說》文義俱不類；孫乃沿譌為解，非是。寔，《詩·小星》“寔命不同”《傳》是也。此文本當作“舉寔堯也，是以名視人也；指是臛也，是以實視人也”。如此則文義相對，證明義二之旨顯然已。

若殆於城門與於臧也。

張云：“城門，守門者。臧，僕也。‘城門’舉實，‘臧’舉名。”孫云：“張說迂曲，此九字上下文無所屬，疑當在上文‘無讓者酒未讓始也不可讓也’之下。”愚案：孫說非，張說亦未允。經說通例，言“若”者，即《小取》篇所謂“辟”，蓋舉他物以明意也。此九字用以喻堯之義無疑。臧，“藏”正字。言堯之義，自古至今若城門然，足令人盡入其中以藏身也。

五六**說若兩膭。**

楊云：“膭疑‘髀’字之誤。”孫云：“依楊說則當亦‘髀’之叚字，見前。若傷麋之無脾也下此言同一體而有左右之異，以喻狗犬同物而異名也。”愚案：‘膭’疑為‘傀’或‘塊’之譌。《荀子·性惡》篇曰：“則傀然獨立於天地之間而不畏。”楊注：“傀與‘塊’同，獨居之貌也。”此言狗犬雖同一實，而兩名則孑然獨立；有不容混者也。

五七**經使殷美說在使。說使：令使也，我使我我不使亦使我殿戈亦使殿不美亦使殿。**

張云：“‘殷’當為‘殿’，軍後曰‘殿’。”依張說以意校之，《周禮·鄉師》疏：軍在前曰啓，在後曰殿。疑“股”為“殿”形近而譌，上挩“啓”字。“美”當從《說》孫校作“義”。此文似當作使：啓，殿，義；說在使。謂或使在前而啓，或使在後而殿，孰義？惟在所使之宜。《說》原文錯譌過多，義不可通。疑當作使：令使也，啓，義亦使啓，不義亦使啓；殿，義亦使殿，不義亦使殿。言無論為啓為殿，既令使之，義即在是；縱或不義，亦或勉從使令為義也。文中有二“我”字，並“戈”字，均“義”之殘。有二“我”字為“啓”之譌。尚挩“啓亦”二字，衍一“使”字，又有誤倒。“美”形近“義”而譌。今校如此，未敢肊斷。

五九**說**先智意相也，若楹輕於秋，其於意也洋然。

孫云：“‘先智’以《經下》校之，疑當作‘无智’，‘无’與‘先’形近而誤，‘无智’即《經》云‘無智’也。‘相’下疑有挩字。‘秋’當讀為‘萩’，《說文·艸部》云：萩，蕭也。”愚案：孫說“先”當作“无”，“秋”當讀“萩”，均是也。惟疑“相”下有挩字未確，“相”即《荀子·非相》之“相”，猶“象”也。“无智慧相”，即《莊子·齊物論》所謂“聖人愚芚”，《老子》所謂“我獨昏昏”之義。“若楹輕於萩”，即《齊物論》“舉莛與楹，道通為一”之旨。其於意也洋然，《楚辭·大招》“西方流沙，漭洋洋只”注：“無涯貌也。”此言洋然，蓋以其意視楹輕於萩，廣而無所別析也。墨子心超物表，兼以正別之神思，宛然如見。

六三**經**可無也，有之而不可去；說在嘗然。

張云：“本可無也，嘗有之則不可去。”孫云：“言凡有者必可無，嘗然者，今雖無而實為昔之所有，故云不可去。”愚案：張、孫二說，均未允。此言“天地萬物生於有，有生於無”。《老子》顧方其無也，非本無也；特以視之不見，聽之不聞，搏之不得，可名為無；實則體物而不可遺。蓋自未有天地已然，既有天地亦然。自古及今，凡有之所在，即無之所在也。知此，始可與言兼，可與言墨道。

說可無也，已給則當給，不可無也。

張云："給，具也。嘗已具之則當具之。"孫云："張説未塙，此以《經》校之，疑當作'已然則嘗然，不可無也'。'然'與'給'草書形近而誤，凡事之言已然者即嘗然，今雖無而昔之為有則審矣；故云不可無，猶《經》云'不可去'也。"愚案：孫説未審，張説是而未透宗。此可名為"無"者，迎之不見其首，隨之不見其後；然"其與萬物接也，至無而供其求"；《莊子·天地》既給乾以資始，又給坤以資生，"萬物皆往資焉而不匱"；《莊子·知北游》太虛寥廓中，曾無無"無"之所；孰能外"無"而自為有哉。

久，有窮無窮。

孫云："此五字與上下文皆不屬，張、楊並屬上為一章，以經校之，亦不相應，疑當在後'民行脩必以久也'之下，而誤錯在此。"愚案：孫説非，張、楊並屬上為一章是也。此"無"之至眞至常也，"先天地生而不為久，日月得之終古不息"；《莊子·大宗師》故其資給萬有也，以疆域言，天地有窮，此無無窮；以時期言，天地有窮，此無無窮；從知此似乎可無，實不可無者；蓋即墨之同實，兼之異名也。

六四**經正而不可搖，**"搖"舊作"擔"，從孫校改**說在摶。說正：丸，**"丸"舊譌"九"，從孫校改**無所處而不中縣，摶也。**

此以物理重心在中，正縣不搖，喻人當冥契一實中道，去偏見也。《淮南子·主術訓》曰："動靜循理"，"一度而不搖"，是其義。

七〇**經循此循此與彼此同。說在異。**

孫云："《說》無循義。"張云："兩'循'字皆衍，此此，此之此也；彼此，彼之此也；各此其此，同也；其所以彼此異。"愚案：孫、張二說均不甚塙。兩"循"字似不誤，惟上"此"字疑當作"彼"，始與《說》文首"彼"字相應。《說》文首"彼"下亦當增"此"字，始與《經》相應。循，依也。據說推校，似言所謂彼此者，依彼謂之彼，依此謂之此，互為彼此同；而所以互為彼此者未必同，故曰說在異。

七一**經唱和同患。說在功。說唱無遇，**（"遇"舊作"過"，從孫校改，下同）**無所周，若稗；**（舊作"粺"，從孫校）**和無遇，使也，不得已。**

孫云："'周'疑當為'用'之誤，謂所唱不足用，即唱而不和之意。《說文》禾部云：稗：禾別也。比喻無所用若荑稗。"愚案：孫說未允。周，《左氏》昭十三年《傳》"使周走而呼"注："徧也。"言唱而無和，則不能周徧。若稗，明唱而不和之故，因若荑稗視之。

唱而不和，是不學也，智少而不學必寡。

孫云："'必'上有挩文。"楊云："疑脫'功'字。"愚案：楊、孫二說均未審。此句注重"寡"字，《詩·桃夭》序箋疏引《爾雅》"無夫無婦並謂之寡"，言少匹對，猶孤陋之謂。此言智少而不學，必益寡陋，無須補"功"字也。

和而不唱，是不教也，智而不教功適息。

畢云："'智'下當有'少'字。"孫云："疑當作'智多而不教'。"愚案：畢說失之，孫說亦過泥。此句注重"教"字，"智"下不必增"多"字，蓋智而不教功適息，與"智少而不學必寡"；義正相對，而文正不必對。細玩此條大旨，文似唱和對舉，義實側重唱邊。以必有唱者，然後能望人和也。觀上文言和無遇是不得已，唱無遇則無所周，意已顯然。下文取喻以唱者為主，和者為從言之；一種毅然創教之精神，今猶活潑紙上也。

若使人奪人衣，罪或輕或重；使人予人酒，功或厚或薄。

舊句首無"若"字，"酒"下無"功"字，孫云："句首疑挩一字，此蓋喻不和不唱之無功。”愚案：句首當脫“若”字，《說》文用若喻結，通例也。“酒”下當脫“功”字，與罪或輕或重對文；均以意增。《左》閔二年《傳》：“衣，身之章也。”有文物加被意。《禮記·射義》：“酒者，所以養老也，所以養病也。”故此以為喻，蓋謂唱與和並為功。然有和者而無唱者，固無如何也；設有唱者而無和者，又奈何；是唱者縱欲以文物徧被於人如衣然，而不和者無異奪人之衣，使不能加被於其身；孰知僅奪一人之衣其罪輕，而此不和者，實無異使人徧奪人之衣，其罪甚重也。雖然，人不和而我必唱，唱之果力，必有和者。是猶以資益壽命之酒予人，且使人人互相予；若和者衆，則唱之為功厚；和者寡，則唱之為功薄。故無論人之和不和，而我之必唱，不容已也。此似墨子“獨自苦而為義”，《貴義》篇而天下“多聞兼而非之者”，《兼愛下》故為此寓言也。

七五**經無窮不害兼。說在盈否知。**

無窮，萬殊也。兼，一本也。萬殊攝於一本，不相礙也。《經上》云：“盈，莫不有也”，即圓滿無缺之義。此言天下皆聞兼而非難者，由其知之聾盲也；設所知圓到，何難匯萬歸一耶；墨道宗趣，託此以明。

說有窮則可盡，無窮則不可盡。有窮無窮未可智，則可盡不可盡未可智。人之盈否未可智，而必人之不可盡；人之可盡不可盡亦未可智，而必人之不可盡愛也，誖。人若不盈無窮，則人有窮也，盡有窮無難；盈無窮，則無窮盡也，盡有窮無難。校詳《經說合》篇

此藉不可盡之無窮，證明人屬有窮，不難兼愛。是其“衆生無盡誓願度”之大慈也。

七六**經不知其數而知其盡也。說在明者。**

張云：“不知天下人之數，而可以知愛之盡，以其明之。”孫云：“張說未塙，此‘明’疑當作‘問’，《說》云盡問人則盡愛其所問，即其

義。”愚案:《說》“問”字,皆“明”形近而譌,孫未得解,張說是也。此承上條申其義,《大取》篇曰:“天下無人”,即《關尹子·九藥》所謂“自然無我,而兼天下之我”義。言人之所以為人,與我之所以為我者,一如也。故此云不必知其人之數,惟知其當盡愛之,是可謂之明者。蓋深明本明之性德,彌綸無間也。

說不一一知其數,“一一”舊作“二”,從孫校改**惡智愛民之盡文也?**

孫云:“‘文’當作‘之’,下同。”張云:“‘文’衍。”愚案:孫、張二說均非。文,《荀子·賦篇》“功被天下為萬世文”,是其義。楊注:“文,飾也。”《說文》巾部云:“飾,㕞也。”段注:“凡物去其塵垢,即所以增其光采,故㕞者飾之本義。”據此知文是所以愛民之故,即使盡人本明之性德,盡失其明者,盡復其明也。正不必一一知其人之數也。

或者遺乎其明也。

“明”舊譌“門”,道藏本譌“問”,孫據之,“言慮所問有所遺忘,則雖愛民不能盡其數。張云‘門’‘問’皆‘明’字之譌,非是。”愚案:張說是也,孫說非,今校改,下同。此言世謂不盡知其人之數,即不能盡愛之使成德者,或者遺忘乎盡人皆具明德,其本體之明固未嘗息也。

盡明人則盡愛其所明,若不智其數而智愛之盡文也,無難。

孫云:“言於心無不愛。”愚案:孫說未憭。此言天下無非具有明德之人,則盡愛人,而明德自互相明,而無所不明矣。若是,則不知其人之數,而盡愛之使成德也,何難。

七七**經不知其所處,不害愛之,說在喪子者。**

此言愛人本於性不能已,猶父母痛愛失喪之子然。《法華經·信解品》:“譬如有人,年既幼稚,捨父逃逝。父每念子,委付財物。”《新約・路加福音》十五章，耶穌亦有此喻。足見墨聖慈悲量宏，其揆一也。惜其說亡，無從蠡測。

七八**經仁義之為內，外也內。說在仵顏。**孫云當作“頡仵”**說仁，**從張校刪一“仁”字**愛也。義，利也。愛利，此也。所愛所利，彼也。愛利不相為內外，所愛利亦不相為外內。其為仁內也，義外也，舉愛與所利也；是狂舉也。若左目出，右目入。**

張云：“此與告子之徒辯義外也。”孫云：“此見《孟子・公孫丑》篇告子語，《管子・戒》篇亦云仁從中出，義從外作。”愚案：《孟子・告子》篇亦有此說，足見當時有此談辯，其以義為外者，皆於愛利為此，所愛所利為彼，未能分明之故。能所混淆，遂成非量。墨子明辯之，使羣知愛利俱內，所愛所利俱外；又以若左目出，右目入，喻明仁內義外之非。是之謂眞能破。孟子遠不及也。孟、荀見道瞻乎；墨後專言名學荀優於孟

八二**經物甚不甚，說在若是。說物甚長甚短，莫長於是，莫短於是。是之是也。非是也者，非莫甚於是。**“莫”上“非”字，從孫校增

此言天下之物，無長無短。譬如一尺，以丈較之則甚短，以寸較之又甚長；用以度江河則甚嫌其短，用以度毫毛則甚嫌其長。故是莫甚於是者，一轉瞬間，非又莫非於是。《莊子・秋水》篇曰：“萬物一齊，孰短孰長”，義同。此惠施所由有“龜長於蛇”之論也。

八三**經取下以求上也，說在澤。說取高下以善不善為度，不若山澤。處下善於處上；下所，請上也。**

孫云：“‘請’當作‘謂’，言因下見上，則所謂上者，但微高於下而已，不必如山與澤之高下縣絕。”愚案：孫說未允。所，即《書・召誥》“王敬作所”之“所”。請，通“誠”。本書《非樂》諸篇屢見。此言取高莫善於山，取下莫善於澤；然“山澤通氣”，《易・說卦傅》[1]高以下

---

[1] “傅”當爲“傳”。——編者註

為基，未有離下而能成其高者；故處下善於處上，下所誠上。江海所以能為百谷王者，非以其善下乎？愼到曰："海與山爭水，海必得之"；《意林》本此。《荀子·正名》篇以"山淵平，為惑於用實以亂名"，未免著相，蓋儒者通病也。

八四**經**是是與是同，說在不文。

"文"舊作"州"，張云："'州'《說》作'文'。"楊云："疑'文'之譌。"愚案：《廣雅·釋言》州，殊也。與《說》義似可通。參互推校，仍從張、楊二校改，"文"或作"彣"，致譌。《經說上》云："舉告以文名，舉彼實也"；又"名物達也，有實必待文名也"；即此義。似謂是是與是，同為無名之樸，不可以文名也。《莊子·德充符》篇曰："自其同者視之，萬物皆一也"，似即此義。

說不是是則是且是焉。

孫云："此約舉經文為目，'不'讀如'否'。"愚案孫說未審，"不"字確為衍文，當刪。是是則是且是焉，《莊子·齊物論》曰："是若果是也則是之，異乎不是也亦無辯"；似即此義。

今是文於是而不於是，

孫云："'文'當作'之'，下並同，'不'下亦當有'之'字。"愚案：此條要旨，在藉一"文"字而顯。故"文"決非"之"之譌，孫說非是。惟謂"不"下亦當有"之"字，則其意可從，當據增一"文"字。言今於一是之中，或文於是，或不文於是，故是不能一於文。

故是不文。是不文則是而不文焉。

是既不能定於一文，則即是盡去其文，而不文焉，亦可。

今是不文於是，而文與是。"與"當作"於"

乃今竟於是之不能齊一於文者，而偏有所文，致是終不能一於是，而是之因文而淆亂者甚矣；孰知是之不可以文名耶？

故文與是不文，同說也。

故有是文，當與無是文同觀；始知是是與是，無不同：而墨道之所以為兼者明矣。綜觀《經說》四篇，大都始繹異名，終歸同實。託小包大，寄意遙深。此其遣除名相，"鎮之以無名之樸"《老子》之結論也。

大取

畢云："篇中言利之中取大，即'大取'之義也。意言聖人厚葬固所以利親，盛樂固所以利子，而節葬、非樂，則利尤大也。墨者固取此。"孫云："畢說非也。此與下篇，亦墨經之餘論。其名《大取》《小取》者，與'取譬'之'取'同。《小取》篇云：'以類取，以類予'，即其義。篇中凡言'臧'者，皆指臧獲而言，畢竝以葬親為釋，故此亦有'厚葬、節葬'之說，竝謬。此篇文多不相屬，蓋皆簡札錯亂，今亦無以正之也。"愚案：畢說"利之中取大，即大取之義"，義是而未圓。謂"厚葬利親，盛樂利子"，殊背墨家宗旨；不當為此原情語。孫舉畢說盡非之，謂"此亦墨經之餘論"，且置"大"之命義於不顧，則研覈尤疏。至以"篇中凡言臧者，皆指臧獲而言"，更為執一賊道。

此與《經》上下、《經說》上下、《小取》共六篇，當時謂之"墨經"。汪中序即《墨辯》。蓋即相里子、鄧陵子之倫，所傳誦而論說者也。《閒詁·傳授考·按語》篇中盡墨學之綱要，理至微妙，冠絕全書。蓋墨之為道，會物理之宜，達生死之變，原極天地萬物於一兼，必兼乎愛利之大者而取之，亦綜核異同之名實而不遺，是為大取。若所取非兼乎愛利之大，惟綜核異同以立辯本，是為小取。墨子恐人執小而遺大，特著此篇，名曰“大取”，教人匯萬別於一兼也。善學者於此篇求之，思過半矣。

或以篇中有“子墨子之言也”句，疑非墨子自著；詎知與此文相對者，為俔日之言，“俔日”蓋傳寫之誤，宜從孫校作“儒者”。以孔子以後儒者諱言利，故既曰“儒者之言也”，又曰“乃客之言也”；可見“乃客之言也”句，顯為後人贅入；準此知“子墨子”三字，亦必後人所改竄；或本作“此翟之言也”，未可知。蓋“天下無人”四字，乃破除名相，並泯絕人相我相；是兼之所以為兼者，固墨家根本教義也。以故服其教者，本極尊崇之心，鄭重以易之；意謂此言非子墨子不能言，使人勿輕易讀過也。更舉五證如下：（一）此篇理境之高超，氣息之雄厚，文筆之簡淨，寓意之閎深，駕越全書，極似全書之括論。（二）篇中一見“子墨子”外，不再見；與《尚同》《天志》諸篇首冠“子墨子言曰”，或篇中數見“子墨子言曰”者，不同。（三）此篇非若《兼愛》《非攻》等各有三篇，為三墨所記述；并與《親士》《修身》等七篇，均為《尚賢》《節用》等之緒餘者，迴殊。（四）篇中挩譌錯亂，視諸篇尤甚。固因理愈精微，識者愈稀所致；又因無論談辯者、說書者、從事者莫不遵奉，故傳布愈濫，舛錯亦愈多。（五）篇中有“凡學愛人”“不為己之可學也”云云，顯若墨子耳提面命之聲。以上皆足見此篇為墨子自著無疑。顧此《大取》之名，包孕宏富，信非門弟子所能言也。惜其掍淆譌奪，不能盡讀，敢祈明哲宣究之。

天之愛人也，薄於聖人之愛人也；其利人也，厚於聖人之利人也。

此《天志》《兼愛》之本。言天之愛人無迹，不若聖人愛人之易知；然天之利人無方量無時量，非聖人有加愛於人之心、利人有限者比。《陰符經》曰：“天之無恩而大恩生”；《易》曰：“乾始能以美利利天下，不言所利，大矣哉”；義均與此同。

大人之愛小人也，薄於小人之愛大人也；其利小人也，厚於小人

之利大人也。

大人，親也，喻天；小人，子也，喻聖人。愛以心意言，利以事實言，可分而不可分者也。大人務遠大無近功，非小人所及知，故愛似薄而利甚厚。小人務淺近較易見，於大人無所加，故愛似厚而利甚薄。此教人勿滯小而遺大也。

以上言人雖至聖，其愛人利人，不能如天之無邊疆無已時。故愛利人，必取法於天始大。其所謂天，即佛教之“一真法界”，兼之本體也。

以臧為愛其親也，“愛”字據上下文校增**而愛之，非愛其親也。**孫云：“‘非’字疑衍，此篇多以一是一非相對言之”，愚案：“非”字非衍

畢云：“《說文》云，葬，臧也，即藏字正文，謂葬親。”顧云：“臧，賤稱也，篇內同義，亦互見《小取》篇。”孫云：“顧說足正畢說之謬，此臧即‘臧獲’之‘臧’，詳《小取》篇。言臧善事吾親，因而愛利之也。”愚案：此“臧”與“樂”，係相對為文，畢說是也。顧、孫因篇內並《小取》篇“臧獲”之稱，執一而廢百，殊謬。

以臧為利其親也而利之，非利其親也。

舊“為”下無“利”字。孫云：“吳鈔本‘為’下有‘利’字；疑衍。利之，謂資給之。”愚案：孫未得解。為下“利”字，從吳鈔本增。

以樂為愛其子，而為其子欲之，非愛其子也。

“為”下“愛”字，舊作“利”，據上下文校改。“愛”上“非”字，從畢校增。孫校以畢為誤，殊謬。

以樂為利其子，而為其子求之，非利其子也。

畢云：“此辯葬之非利親，樂之非利子，即‘節葬、非樂’之說也。”孫云：“疑當作‘非求其子也’，畢說謬。”愚案：畢說是而未圓，孫說謬。此冢上愛利並舉言。以人所最欲愛而利之者，莫若親與子；然

無眞知愛利其親與子者。如以葬為愛利其親，以樂為愛利其子，均非所以愛利之道。蓋大愛大利，不在葬與樂也；在取天之所以愛利人者，愛利親與子以愛利天下，是則愛利之大者也。

於所體之中，而權輕重之謂權。權非為是也，亦非為非也，“亦”舊作“非”，從孫校改**權正也。**

孫云：“《文選·運命論》李注引《尸子》云：‘聖人權福則取重，權禍則取經。’《經上》篇云：欲正權利，惡正權害。”愚案：孫說近是而未達其旨。此冡上文更端以明其意。言‘體分於兼’，經上即別所由生；足令人衡理不得其平，而是非亂。因人每重別而輕兼，故愛利人，不能如天愛利之厚；且以本非愛利人之葬與樂，愛利其親與子，其昧於是非，猶不知權輕重然。是不可不於所體輕重之中，假正於權，以明利害大小之辨。利害明，是非自明。觀下文可知。《莊子·秋水》篇曰：“達於理者必明於權，明於權者不以物害己。”可並此下文，會通其義。

利之中取大，害之中取小也。害之中取小者，舊作“也”，從畢校改**斷指以存擥，**五字舊在“權正也”下，今校移此**非取害也，取利也。其所取者，人之所執也。**

權利取大，謂當如天兼愛利人，不必重視葬與樂也。權害取小，如斷指存腕是。以指不斷則腕難存，故斷指似取害，實非取害，而取存擥之利也。以害在人所執持中，當善權取舍，喻勿執小而遺大也。此極似佛教唯識學，遣除“徧計執”，(即“別”)顯揭“圓成實”(即“兼”)之微旨。惜其辭過簡奧質樸，蘊義沈晦，難索解人也。

遇盜人而斷指以免身，利也；其遇盜人，害也。

如人既遇盜，將生命難保，害莫大焉；若僅斷指而能免身，雖不利猶大利也。

斷指與斷腕，利於天下相若，無擇也。

此冡上又進一解。言指與腕在己雖有擇；苟利天下，則斷指可，斷腕亦可。因己輕天下重，當舍己以利天下，無暇為指小腕大之擇也。《孟子·盡心》篇所謂“摩頂放踵，利天下為之”，是其義。

死生利若，一無擇也。

孫云：“當作‘非無擇也’，謂必舍死取生。”愚案：孫說謬。一，皆也，見《大戴記·衛將軍文子》篇“則一諸侯之相也”注。利若，承上文而省。此又進一解。言果利天下，出入生死，無不可也。是能外其身也。因“死生無變於己”《莊子·齊物論》也。此節純是大乘佛法，上品身命施。

殺一人以存天下，非殺一人以利天下也。

孫云：“此對下‘是殺己以利天下’為文，當作‘非殺人以利天下也’，‘一’字涉上而衍。”愚案：‘一’字似非衍。言‘殺一人以存天下’，利既周於天下，則為天下損一人何傷。況人必忘其身，而後能利天下，而其身反可保，所謂神武不殺者也。則雖殺一人，實未殺一人也。是故明鬼。

殺己以存天下，是殺己以利天下。

又因殺人轉到殺己。《爾雅·釋言》云：“是，則也。”言己亦天下之一人，倘殺己可以存天下，則為利於天下者大，自當貴義於自身，殺己以利之。

於事為之中，而權輕重之謂求，求為之，非也。

孫云：“疑當作‘非為之也’，挩二字。”愚案：無‘為之’二字亦通。此總上文而言，凡事必有輕重，均當權其孰利天下為最重；於是捨其輕者不為，求其重者為之，所謂利之中取大也。然所以求其大利天下者，貴乎冥物順應而無心；若竊竊然有心求為之，又非也。

害之中取小，求為義，非為義也。

孫云："此疑當接後'不可正而正之'句。"愚案：孫說未塙。此申應前文，言"害之中取小"者，必無利於天下，又徒自傷身，始謂之害；既知為害，當遠避之，急於為義，則已與天下俱得其利。然或已陷害中，無能解免；亦必權其輕重，捨大取小，急圖挽救；固非徒求苟生也，仍求為義以利天下也。顧求為義，要本無所求而為；設有所求而為，又非為義也。

為暴人語天之為是也而性，為暴人歌天下之為非也。

"歌"：當作"語"，或由"語"譌"詞"，又轉譌作"歌"。此似言性出於天，苟能希天以存性，必為聖人，本無不義而為暴者。然則暴人之性，謂是天為之歟？謂非天為之歟？蓋性體本自清明而無暴行，凡暴行皆性之受熏起用也。

諸陳執既有所為，而我為之，陳執執之所為，因吾所為也。

"之所"上疑衍一"執"字，當刪。陳執：似謂徧計陳迹而成執，即"所染"之異名，猶習貫然；《大戴記·保傅》篇"習貫之為常"釋氏所謂"習氣染法，無始以來，串習虛妄"《唯識二十論述記》卷四第三頁注是也。言暴人之所為，非天使然；蓋以人間一切陳執，既有先我為之者，而我亦習染而為之，諸陳執固吾所為之前因也。

若陳執未有所為，而我為之陳執，陳執因吾所為也。

顧我之所為，不必皆本於陳執；若陳執未有所為者，亦且自我為之成陳執，則吾習染之所為，又後人陳執之前因也。《解深密經》曰："阿陀那識甚深細，一切種子如暴流。"此節大旨似之。是故聖人正體不動。

暴人為我，為天之以人非為是也而性。

孫云："此文多譌挩，'為是也而性'語，前後兩見，疑'性'並當作'惟'，'惟'與'唯'通，《經下》篇云：'物一體也，說在俱一惟是’；《說》云：‘惟是當牛馬’；‘惟是’亦即‘唯是’，謂言是則應之也，此義似與彼同。而上下文仍難通。”愚案：孫說謬。此言天下所以多暴人者，皆由自執陳陳之我見，惟知為我而然。詎知天賦之性體，非使為是暴人也；暴人所為一切行相，莫非陳執熏習而成，非暴人之性本然也。

以上言暴人之為暴人，非性體本然，蓋由人為熏習，徧計起執，展轉引生，迭為因果，非關於天。其以性與天一，本無善惡，大旨已見；洵為絕學。孟、荀難與言也。斯人所由貴修身，慎所染，自造大命。

不可正而正之。

孫云：“上云‘權正也’，言於不可正之中而權其正。”愚案：孫說未憭。此言一切人為是非利害，似不可以權正者，要可權其利害大小而正之。此所以為實用哲學也。

利之中取大，非不得已也；害之中取小，不得已也。

孫云：“此節疑當接上文‘非為義也’下。”愚案：孫說似未塙。

所未有而取焉，“所”上據下文當增“於”字**是利之中取大也。於所既有而棄焉，是害之中取小也，然其害猶在。**“然其害”三字從孫校增**不得已而欲之，非欲之也。**此文舊在後“子墨子之言也”下，從孫校移此

大利所在，存乎未有；本無限量，任人取求；此聖人所以常為之於未有，而無不利也。及乎既有，大利盡失，而害生焉。能盡棄之，尚已；萬一不能，亦必捨大取小，猶是利也，然其害猶在；此暴人所以常在害中而不悟者也。蓋害固人所不欲者，今不得已而欲其小，是非欲之正也。從知取大利必於未有，於既有則欲盡去其害，良不易矣。未有：形而上；兼也。既有：形而下；別有。此節允當以佛典視之。

義，厚親，不稱行，而類行。“類”舊作“顧”，從孫校改

言於義止厚於至親，不足稱為德行；德行當充其類，厚加於天下。

愛人不外己，己在所愛之中。

孫云："言己亦猶是人也。"愚案：孫說未憭。此言盡性愛人，即所以愛己；蓋充愛之量，人己兩忘，湛然一愛塞乎天地之間，故己亦在所愛之中。

己在所愛，愛加於己，倫列之愛己，愛人也。

孫云："言愛己亦可謂之愛人。《荀子·正名》篇云：聖人不愛己，此惑於用名以亂名者也。"愚案：孫說未允。倫：古通"輪"；《易·說卦傳》"為弓輪"，《釋文》"輪，本作倫"；《釋名·釋車》"輪，綸也，言彌綸也，周帀之意也"。列：《禮記·禮運》"故事可列也"注："列，興作有次第。"輪列，即以次輪轉意。此言己既在所愛之中，則凡愛之所加，是加於己。故周帀次第之愛己，道莫要於愛人也。荀卿未足與此。

臧之愛己，非為愛己之人也，厚人不外己，厚下"人"字，從孫校增**愛無厚薄。**此節舊在後"然後足以生"下，從孫校移此

孫云："言臧自愛其身，非為愛己之人也。"愚案：孫說未憭。此言臧祇知愛己，不能忘己愛人，非眞能愛己者也。眞能愛己者，知厚愛於人，不外於己；人己兼愛，無彼此厚薄之分。此即佛法"破我執"之理。

聖人惡疾病，不惡危難。

聖人自視其身關天下休戚，恆善調攝以立命，苟利天下，赴火蹈刃，皆所不辭。

正體不動。

孫云："疑當作'四體不勤'。"愚案：孫說謬。本文義甚精微，不可輕忽讀過。《易·繫辭傳》曰："无思无為，寂然不動"，是其義。此堯試舜"納于大麓烈風雷雨弗迷"之精神也。《莊子·田子方》篇曰：

“有虞氏死生不入於心，故足以動人”，墨聖勇於救世之密因在此。蓋人必寧靜，始能致遠；正體不動，則能攝天下之至動於湛寂中，清淨而無染。於是安住一定，疾病無由生，超絕塵緣，危難無足畏。惟“心與神處，形與性調”，《文子·下德》鬼然若邱山而已。《文子·符言》“若邱山嵬然不動”。《莊子·在宥》篇曰：“抱神以靜，形將自正”，“我守其一，以處其和”。可與此相發明。

欲人之利也，非惡人之害也。

聖人高超情境，惟憂百姓之窮，興慈利物，己身早置度外。

聖人不為其室臧之故在於臧。

畢云：“言臧富在下”，孫云：“此義難通，畢說非。”愚案：此義甚通，畢說誠非，孫亦未得解。臧：即“藏”正文，從艸，後人所加。此言聖人不為其室，可以臧身之故，而志在於臧。如禹八年於外，三過其門而不入是。此墨子所以無煖席也。《列子·仲尼》篇曰：“處吾之家，如逆旅之舍”，不過能出世而已，未足擬其慈悲。惟釋迦苦行說法，耶穌周游弘道，同此妙行。

聖人不得為子之事。

孫云：“似言聖人事親，愛無窮而事必有所盡。”愚案：孫說迂曲，儒家宗法道德，未足據以解墨子。此為天下忘家義，如《詩·四牡》“王事靡盬，不遑將父”；《晉書》“溫嶠絕裾”之類，均未可比擬。惟耶穌曰：“誰為我母，誰為我昆弟，凡遵行我父旨者皆是”，《馬太》十二章末義同。《無能子》曰：“無所孝慈者，孝慈天下；有所孝慈者，孝慈一家”；可謂知言。孟子以此目之曰“無父”，陋矣！

聖人之法死亡親，為天下也。

孫云：“亡，忘通，謂親死而忘之，即薄喪之義。”愚案：孫說是也，而義多未盡。此言聖人知親形化而性懸解，適可忘情，否則不急於為天下，亦無裨於死者，非不匱之大孝也。况聖人息息與天下相通，安忍縈念於己死之親，恝置天下於不顧。耶穌曰："任彼死人葬死人，汝往傳天國之道"；《路加》九章六十節《莊子・天運》篇曰："至仁無親；夫至仁尚矣，孝固不足以言之"，義均與此同。

有厚薄而毋倫列之興利，為己。

"有"上疑挩"無"字，上文云："無有厚薄"，可證。毋，語辭，或移"毋"箸"有"上，亦通。言聖人愛人無有厚薄，惟為天下周帀次第以興利，盡已之性而已。

天下之利驩。自此至"子墨子之言也"，舊在後"兄之鬼兄也"下，從孫校移此

孫云："驩，猶悅也。《天志中》篇云：今有人於此，驩若愛其子，竭力單務以利之。"愚案：此言人皆為天下興利，則天下無不被其利而驩然。此近世"最大多數之最大幸福"義。

聖人有愛而無利，儒者之言也，"儒者"舊作"俔日"，從孫校改**乃客之言也。**五字疑為後世墨者贅入，詳前

墨子因儒者諱言利，有聖人惟言愛不言利之說；故此破其執，意以不本乎愛而言利，不可也。既言愛人，必有實利於人；設無利於人，徒言愛人，非愛人也；愛利並言果何傷。

天下無人，子墨子之言也。子墨子之言也，疑本作"此翟之言也"，詳前

此視天下人為一我，既無人相，即無我相，即無天下相，惟冥會一兼而已。《關尹子・九藥》篇曰："自然無我，而兼天下之我"；《列子・仲尼》篇曰："視吾如人"；《莊子・逍遙遊》曰："至人無已"；均同此慧解；而躡解成行，則未若墨子救世之勇。墨子其中土之耶穌乎！

非白馬焉。

孫云："此即白馬非馬之說。"愚案："白馬"當在"非"上，"焉"當作"馬"。言馬色限於白，則使非白色之馬，皆等於無而莫由至；不

知將失去幾何天下馬，是非能知馬者也。蓋寓言也。

執駒焉說求之舞說非也。

畢云："案《列子·仲尼》篇云：'公子牟曰，白馬非馬，形名離也；孤犢未嘗有母，非孤犢也'；似與此意同。執駒焉說求之舞，似當云'執駒馬說求之無母'，即孤犢之論乎？"孫云："《莊子·天下》篇云：'孤駒未嘗有母。'白馬、孤駒，蓋名家常語，所謂語經也。'說求之'上，疑挩'有'字，與下'無說'文相對。畢說非其恉。舞，當從畢校為'無'之誤，而句讀則非。"愚案：孫說並斷"舞說非也"為句，均誤。畢說是也，當據正。"說非也"三字，疑涉上下文而衍，當刪。《列子》"非孤犢"上，宜重"有母"二字。

舉己非賢也。

孫云："舉，當作'譽'。"愚案：孫校是也，惜上下無可質定，不據改。《鬻子》曰："不肖者，不自謂不肖也，而不肖見於行；雖自謂賢人，猶謂之不肖也。愚者不自謂愚，而愚見於言；雖自謂智，猶謂之愚。"可為此塙詁。蓋以實至名自歸，徒騖虛名而無其實，無益也。此疑當接後"實不必名"句下。

義，利；不義，害。志功為辯。

孫云："下文云'志功不可以相從也'。"愚案：孫說未允。下文"志功不可以相從"，義正與此相反，當作別解。此言利與害，以義、不義為衡。義則利人亦自利，不義則害人亦自害。志之所在，功必從之，無難明辯。蓋教人貴義於其身也。

凡學愛人。此句舊在後"小圜之圜"上，從王校移此**愛眾眾世，與愛寡世相若，兼愛之有相若，**孫云"有"與"又"通**愛尚世與愛後世，**王云"尚"與"上"同**一若今世之人也。**"世之"舊倒，從王校乙

畢校兩"世"字並以意改作"也"，王校從之。王引之云："'愛眾眾也'，下'眾'字衍，當作'愛眾也與愛寡也相若。'又案下文'凡

學愛人'，與'小圜之圜'云云，文義不相屬，疑當在'愛眾也'上。'凡學愛人'，乃統下文之詞；'愛眾也'云云，則承上句而詳言之也。古書錯簡耳。"孫云："此當作'愛眾世，與愛寡世相若'。眾世、寡世，以廣陝言；下文'尚世後世'，此古今言；文自相對。'凡學愛人'句，亦非此處錯簡，畢、王校並未允。"愚案：孫正畢、王改"世"為"也"之誤，是也；其從王校以下"眾"字為衍，並謂"凡學愛人"句，非此處錯簡，均非。蓋"眾眾世"，與"寡世"義對，不必字數對也。眾眾世，即釋氏所謂三千大千世界；寡世，謂此娑婆世界；尚世、後世、今世，即過去、未來、現在三世也。言充其愛力，彌綸宇宙，無空間時間之分。案此節在"智來者之馬也"下，不類。疑當移接"子墨子之言也"下。蓋天下無人，破人我相；此破眾世寡世古今相，文義銜接也。

非殺臧也，專殺盜，非殺盜也。

王引之云："'非殺臧也'，上有捝文。以下二句例之，當云'專殺臧，非殺臧也'。"愚案：王說似未允。《國語·周語》："掩賊者為臧。""專殺臧，非殺臧也"，義仍難通。"專殺盜非殺盜也"，言專欲減少為盜之惡行，非殺為盜之人也。章太炎云：當作"專殺盜，非殺盜也，非殺臧也"。言專殺為盜之惡行，非殺為盜之人，亦不計所盜之臧也。"臧"通"贓"。

小圜之圜，與大圜之圜同。

圜有大小不同，而為三百六十度無不同。

意楹非意木也，意是楹之木也。

楹，柱也。既成楹，則非木，故"意楹非意木"。然楹由木成，又必惟可以為"楹之木"是意也。

意指之人也，非意人也。

王引之云：“當作‘意人之指，非意人也’。意，度也。言所度者人之指，非度人也。下文云：‘一指非一人也’，是其證。”愚案：王說“意人之指”未允。此似言意所指定之人，非意通常之人。

為賞譽利一人，非為賞譽利人也，亦不至無貴於人。

孫云：“無貴，疑當作‘無賞譽’，言賞譽雖不能徧及人，亦不至因此遂不用賞譽也。”愚案：孫說未允。此言因利一人而為賞譽，則賞譽不足以勸善而利人，非所以為賞譽之道。然世雖濫為賞譽，人亦貴之。

智是世之有盜也，“世”上舊有“之”字，從孫校删**盡愛是世。**

自此至“盡惡其弱也”，在“亦不至於智不為己之利於親也”下；今詳為推校，疑當移著“一若今世之人也”下。以前破衆寡古今世相，此破世間室家根身相，文義正相銜接也。俞云：“當作‘智是世之有盜也，不盡是世’，下文‘智是室之有盜也，不盡是室也’，可證。”孫云：“俞校未塙，以文義推之，當作‘智是世之有人也，盡愛是世’，即兼愛之義。”愚案：俞、孫二校未允。此非攻之本。《莊子·盜跖》篇，“大盜者為諸侯”云云，或本此而作。蓋金玉珍寶，高車大馬，皆盜大盜之心者也；而大盜不知，且利用聖人之聖智，滋其法令，而盜夸以誨盜；於是舉世競於盜不知非，天下無不受盜之害矣。《非攻上》“竊人桃李，攘人犬豕雞豚，取人馬牛，至殺不辜人，拕衣裘，取戈劍，眾皆知非；今至大為攻國則弗知非，從而譽之謂之義”，是其證。墨子獨知之，哀其大迷，務綜核盜之名實盡醒之；所以愛是世者，至深切矣。

智是室之有盜也，不盡是室也。

孫云：“‘不盡’下，以下文推之，當有‘惡’字。”愚案：孫說非。《釋名·釋宮室》云：“室：實也，人物實滿其中也。”既知是世有盜矣，當知是室亦有盜：妻子也，貨財也，皆所以消耗性眞之大盜也。故知是室非安身之眞宅，不盡是室也。

智其一人之盜也，不盡是二人。

畢云："'二'當為'一'。"孫云："當作'不盡惡是人'，此挩'惡'字、衍'二'字耳。"愚案：畢説似可從，孫未得解。"盜"上據上文疑挩"有"字。《陰符經》曰："萬物，人之盜，其盜機也，天下莫能見，莫能知。"而人遂為天地萬物所盜矣。聲色盜其耳目，肥甘盜其臟腑；幾若一人之身，有盜環伺焉。盜果奚自？蓋"五鑿為正，通"政"，心從而壞"，《荀子·哀公》篇仍此一人自盜之。故知一人之身亦有盜，似乎二人；然能杜絕其盜機而不為所盜，又不盡是二人也。此所由貴節用以全生。從知墨家節用，不僅為大羣均財而已。

雖其一人之盜，苟不智其所在，盡惡，其弱也。

孫云："'弱'疑當為'朋'，形近而誤。言盜雖止一人，然不能審知其誰某，則盡惡其朋黨也。"愚案：孫説非。弱，尫劣也。《書·洪範》"六曰弱"，《疏》"尫劣并是弱事，為筋力弱，亦為志氣弱"。雖其一人之身，亦既有盜，當知盜之所在而勦滅之。苟不知其所在，則盜之為惡無盡，將終身莫由自強而不息，心神喪而生理敗矣。此知壽夭命由己立。

諸聖人所先，為人效名實，"效"舊作"欲"，從孫校改**實不必名。**"實"上"名"字，從孫校刪

《廣雅·釋言》："效，考也"。效名實，即鄧析"循名責實"之意。《荀子·正名篇曰》："名聞而實喻，名之用也"，故聖人先務正名。然名所以狀實；若果有實，不必待名而自見。

苟是石也白，敗是石也，盡與白同。是石也唯大，孫云："'唯''雖'通。**不與大同。是有便謂焉也。**

孫云："'敗'當為'取'，'便'疑當為'使'。"愚案：孫説並非。《説文》攴部云："敗，毀也。"《荀子·解蔽》篇"由執謂之道盡便矣"，

楊注："便，便宜也。"此言石果白，則毀其石仍不失為白；蓋白與石相含，不可毀也，必盡與萬物之白同。若謂其石為大，則不與大同；以天下之大無定也。是同與不同，各因其便宜而稱之。

諸以居運命者，苟入於其中者皆是也。"入"舊作"人"，從孫校改**去之，因非也。諸以居運命者，若鄉里齊荊者皆是；諸以形貌命者，若山丘室廟者皆是也。**以上四十九字，舊著"智某可也"下，今校移前**以形貌命者，必智是之某也，焉智某也。**孫云"焉"猶"乃"也**不可以貌形命者，唯不智是之某也，**孫云"唯"亦與"雖"通**智某可也。**

《尹子文》曰："名者所以正形。"物之以形貌命者，必知其為某物而名之。如知山丘室廟各異，而命名以異，故曰"乃知某也"。若夫超一切物，絕對而不可以形貌命者，本無名而强命之名，如"天"云、"帝"云、"道"云、"太極"云；雖名之，固非如山丘室廟等之有物實可得也。然雖為感官之所不得，而自內證知是有。故曰，雖不知是之某也，知某可也。《經下云》："可無也，有之而不可去，說在嘗然"，即此不可以形貌命者也。此教人循異物，析罪名；尤貴遣異名，契同實也。案此節先舉諸以居運命者，興起諸以形貌命者，然後即可以形貌命者，歸到不可以形貌命者。意謂：諸以居運命者，可入可出；諸以形貌命者，變易無常；未若不可以形貌命者之眞常，密切身心而莫能外也。此知墨子循循善誘，立言有宗，在在歸納於一兼也。

智與意異。

孫云："上文辨智、意二者之文甚詳。"愚案：孫說似未審。此四字不知由何處錯簡。

具同。

孫云："'具'當為'俱'，《經說上》云，'俱處於室，合同也'。"愚案：《荀子·正名》篇云："有異狀而同所者"，楊注："謂若老幼異狀，同是一身也，蠶蛾之類亦是也。"

連同。

孫云："《國語·楚語》韋注云：連，屬也"，愚案：此即《經說上》"體同"之義。

同類之同。

孫云："《經上》云：有以同，類同也。"愚案：如方鏡圓鏡，同一鏡類。

同根之同。此四字在"然之同"下，當從孫校移著"同名之同"下

此如瓦器各殊，同是微塵。

是之同，同然之同。"然"上舊無"同"字，畢云：一本又有"同"字，今據增

是之同，謂實際本同。同然之同，謂實際未必果同，而羣情同以為同，亦不得不謂之同。此二句以下文例之，似當作"有是之同，有同然之同"。

有非之異，有不然之異。

有非之異，謂有本不一是之異。有不然之異，謂有彼亦一是非，此亦一是非，是非各執之異。

有其異也，為其同也，為其同也異。孫云：此下疑當接下"長人之異短人之同"一節，愚案：孫說似未審

異必由同而顯，同固異之總和也。《經上》云："同，異而俱於之一也"；是其義。

察次山比因至優指復次察聲端名因請復。

孫云："此文挩誤不可校，審校文義，疑首句當作'察盗止此室因指得'，次句當作'察盗聲揣名因情得'。上云：'智是室之有盗也，不盡是室也'，言察盗之止於是室，乃因人指而得之；若察盗之聲而得其名，則因籥其情而得之也。"愚案：孫解上文"智是室之有盗也"盗字過泥，其說恐未確。

長人之異，短人之同，其貌同者也，故同。

俞云："'長人之異，短人之同'，當作'長人之與短人也同'，下二句正釋長人短人所以同之故也。下文曰：'指之人也與首之人也異，人之體非一貌者也，故異。將劍與挺劍異，劍以形貌命者也，其形不一，故異。'竝與此文一律，可證。"愚案：俞說未確。此文大旨，蓋謂人有長短，即有異同；長人與長人，不能無所異；短人與短人，可均謂之同。要之人同貌同，故可云同。

指之人也，與首之人也異。

孫云："首之人，謂以首向人。"愚案：孫說非。此承上文而轉，言雖同是人類，同是形貌；若細核之，則指之於人各異，首之於人各異。人之不同如其面，至不一也。

將劍與挺劍異，孫云：將，𢪃之借字，《說文》手部云，𢪃，扶也；挺，拔也**劍以形貌命者也，其形不一，故異。楊木之木，與桃木之木也同。諸非以舉量數命者，敗之盡是也。**

孫云："'敗'，疑亦當為'取'，形近而誤。此言不以量數舉者，若一人為人，百人亦為人，故云'取之盡是也'。"愚案：孫說非。《呂氏春秋·義賞》篇，"敗楚人於城濮"，高注："敗，破也。"量如分寸尺丈，數如十百千萬，舉以命名，顛撲不破者也。彼諸非此而以形貌命者，如同是劍也，以形不一而異；而楊與桃各異，以同是木，又同。故凡謂為異者，盡可破其異而為同；凡謂為同者，盡可破其同而為異；非舉量數命者比也。

故一指，"一"下舊有"人"字，從王校刪**非一人也。一人之指，**"一"上舊有"是"字，從王校刪**乃是一人也。**

言一指之微，實同天地萬物為一致，初不可限以一人言。《莊子·齊物論》曰："天地一指也"，《公孫龍子·指物論》曰："物莫非指"，均此義。故僅言一指非一人，必言一人之指，則其命意之範圍有限制，不若泛言一指之廣，始知是一人也。《列子·仲尼》篇曰："有指不至"，似即本此而申其義。是知辭愈約者義愈該。欲其辭之定義明確，則辭不宜過約也。

方之一面，非方也。方木之面，方木也。

僅知方之一面，固非方之全體；然既見方木之一面，即可斷定為方木。喻一名雖不能包舉其實而無遺，然因名亦可知其實之一體也。

以上二條，學者當作禪宗語錄觀之。

夫辭以故生，“夫辭”二字，從孫校增**以理長，以類行者也，**二字從孫校乙**立辭而不明於其所生，妄也。**“妄”舊作“忘”，從顧校改**今人非道無所行，唯有強股肱，而不明於道，**孫云“唯”與“雖”通**其困也，可立而待也。夫辭以類行者也，立辭而不明於其類，則必困矣。**

墨子立論，其要訣惟在“故”與“類”而已；此即《經說》四篇并《小取》一篇之總題也。《經上》首言故，明於其所生而不妄也。《經下》首言類，明於其所止而不困也。《小取》則曰：“以說出故，以類取，以類予”，且以“辟、侔、援、推”四法類行之，所謂以理長也。辯論之道，盡於此矣。揆之印度三支，故即因，類即喻，任人隨意立宗也。擬以希臘三段，故即小前提，類即大前提，其間自含有斷案也。若墨子言不離宗，獨重歸納，其神理固無異於因明；彼亞氏以後學者，遠不及也。

聖人也，為天下也，其類在于追迷。

畢云：“言能追正迷惑。”愚案：畢說是也。《爾雅·釋言》“迷，惑也”，《廣雅·釋詁》“迷，誤也”。老子曰：“人之迷其日固久”；韓非解之曰：“凡失其所欲行之路而妄行者之謂迷”；《尚賢下》篇曰：“王公大人之視其國家，不若視其一危弓、罷馬、衣裳、牛羊之財”；《非攻上》篇曰：“少見黑曰黑，多見黑曰白”；類皆莫大之迷也。聖人安得不為天下一一追正之。

或壽或卒，其利天下也指若，其類在譽石。

畢云："指若，言其指相若。譽石，疑譽名；言聖人有壽有不壽，其利天下同，則譽在也。"蘇云："'指'當作'相'。"孫云："畢說未確，疑當作'礜石'。《說文》石部云，'礜，毒石也。'《山海經·西山經》云：'礜石可以毒鼠'，郭璞注云：'今礜石殺鼠，蠶食之而肥。'此言礜石害鼠而利於蠶，以況或壽或卒之利害不同也。"愚案：孫說於"利天下指若"不相應，畢說亦非。聖人一心利天下，豈在得譽；況後有愛人非為譽之文乎？竊以"譽"不當作"令譽"解，《文選》王元長《曲水詩》序"信可以優游暇豫"注："孫子兵法曰：人效死而上能用之，雖優游暇譽，令猶行也；'譽'猶'豫'，古字通。"又《詩·蓼蕭》"是以有譽處兮"，朱熹《集傳》蘇氏曰："譽，豫通，凡《詩》之'豫'皆言樂也。""石"當為"后"，脫上畫而譌。經典多以"後"為"后"，本書亦屢見。此言聖人盡心利天下，在使後人皆得豫樂。或安常而壽，或遇變而卒，其指不變；誠以"死生無變於已"，《莊子·齊物論》唯"愛以身為天下"，《老子》垂裕後昆而已。

小仁與大仁，行厚相若，其類在申。孫云有譌捝，愚案：孫說未塙

《廣雅·釋詁》："申，伸也。"言能行仁，無小無大，其厚相若；在能引而伸之，觸類而長之。蓋能小仁不能大仁，不得為仁；能大仁不能小仁，亦不得為仁也。

厚親不稱行而類行，其類在江上井。

言止厚親而不能充其類以厚天下，猶人在江上，舍江水無限之潤利，而惟井上是汲，不足稱為德行。故《莊·子大宗師》篇曰："有親，非仁也。"

不為己之可學也，其類在獵走。

孫云："學，疑'譽'之誤。上文云：'譽己非賢也'，此或釋其

義。”愚案：孫說非。此釋上文“凡學愛人”之義。《初學記》引蔡邕《月令章句》，“獵，捷也。”捷走，即墨子所以無煖席之義。上文云：聖人不為其室臧之故在於臧，是其證。言學愛人，莫先於舍己，盡力奔走以利天下。不為己，即老子所謂“外其身而身存”義。

愛人非為譽也，其類在逆旅。

孫云：“言因求利而愛人，此釋上文‘為賞譽利一人’一節之義。”愚案：孫說謬。《左氏》僖二年傳，“保於逆旅”注：“逆旅，客舍也。”此言愛人本於天性，非為虛譽；蓋本大禹“生寄死歸”《淮南子·精神訓》之旨，運智而成悲也。

愛人之親，若愛其親，其類在官。

孫云：“此疑釋上文‘以臧為其親也’一節之義，又斷下文‘苟’字連‘官’為句，云有譌。”愚案：孫說非。官，猶公也，不私也。見《史記·孝文紀·索隱》。愛人之親，若愛其親，即《兼愛下》“老而無妻子者，有所侍養以終其壽”；《禮運》“人不獨親其親”義。故曰，其類在官，所謂大孝不匱也。“親而不可不廣者仁也。”《莊子·在宥》

苟兼愛相若，一愛相若，一愛相若，孫云：四字重出，當是衍文，此疑釋上文“愛眾眾也”一節之義。愚案：孫說未塙**其類在死也。**

苟，誠也；《論語·里仁》“苟志於仁矣”注。也：畢云“一本作虵”，孫云：“顧校季本亦作虵，此文有譌。”愚案：馬氏《繹史》引此文亦作虵，“也”當本作“虵”而殘，虵：蛇之俗字。《國策·魏策四》曰：“有虵於此，擊其尾，其首救；擊其首，其尾救；擊其中身，首尾皆救。”此言誠能兼愛衆人，與愛一人無異；蓋人無衆寡，皆在一愛之中，是所以兼相愛也。其故安在？類如人欲擊虵致死，虵則首尾互相救；互相救，即所以自救。此墨子之互助論也。

以上言其類者十有三，疑皆總上文明其指趣，惜乎挩譌過甚，未能一一質定。然玩索全篇大旨，皆即天物之理，使人明其故，察其類，無難體兼而博愛，誠甚深微妙佛法也。

小取

小對大言，以所取者不過談辯小道，無關墨道之大也。然墨學正賴“取辯於一物，而原極天下之汙隆”；魯勝《墨辯注敘》故凡墨者，莫不大取以為兼，小取以為別。如宋鈃、尹文、惠施、公孫龍等，莫不禁攻以壽民，亦莫不持辯以接物，可證。無如道無封而言有窮，剖析毫芒，即不免枝指而難本。故俱誦墨經，而取舍不同；皆自謂眞墨，相謂別墨。合觀《韓非子·顯學》篇、《莊子·天下》篇別對兼言，謂我能託小包大為眞，彼則持小遺大為別也。胡適著《中國哲學史大綱》一八四頁，以別墨另為一派，非是是知小取云者，對大取言，非必小也。老子曰：“見小曰明”，《楞嚴經》曰：“於一毫端，現寶王剎，坐微塵裏，轉大法輪”，是其義。蓋天下事理，無大不在小中，果如何“抒意通指，明其所謂”，鄒衍語。《公孫龍子序》引《史記·平原君傳集解》則辟、侔、援、推諸法為至要。不然，雖詳明其故，盡知其類，而不善聯貫以運用，豈能必其辯當而勝耶？故知此篇亦必出自墨子。觀其體例精嚴，似非門弟子所能勝任；況篇中絕無“子墨子”之稱，可證。雖兩見“墨者有此而非之”，要知墨稱不自翟始；此所謂墨者，蓋猶儒家自稱吾儒吾黨也。觀“墨者有此而衆非之”注當益明。《大戴禮記》，有《小辨》篇，即此《小取》命名之義；尤足為孔、墨繼武，當時有此學風之徵諗。

夫辯者，將以明是非之分，審治亂之紀，明同異之處，察名實之理，處利害，決嫌疑。

此六者，明辯之大用也。

焉摹略萬物之然。

孫云："《說文》手部云：摹，規也。《淮南子・本經訓》高注云：略，約要也。"俞正燮云："摹略，即今言之模量，古言之無慮。"俞云："'然'字無義，疑當作'狀'，'狀'誤為'肰'，因誤為'然'。"愚案：俞正燮說未審，俞說"然"字無義，未塙。其疑"然"當作"狀"，意是；而破"然"為"狀"則非。焉，本書通訓乃。摹，《漢書・楊雄傳》音義引《字林》"廣求也"。然：謂萬物之現狀，即下文"其然也，其然也同"之"然"。焉摹略萬物之然，言於是即萬物顯然之現狀，廣求其極約要之所以然。即此"摹略"二字，足見墨子名學，在在攝博於約，注重歸納之精采。蓋墨子心目中，無窮的故與類，俱出於此，使立辯者，無不以物理的實驗為標準也。此與下文"論求羣言之比"，"以名舉實"，"以辭抒意"，"以說出故"，"以類取，以類予"，"有諸己不非諸人，無諸己不求諸人"，是立辯七綱要也。

有諸己不非諸人，無諸己不求諸人。

此見墨者言必足以遷行，在在皆繩墨自矯，是其立辯之特色。

或也者，不盡也。假者，今不然也。

此言辭義不周與不實，首當明辯者二。

效者，為之法也；所效者，所以為之法也。故中效則是也，不中效則非也，此效也。

《說文》云："效，象也。"《廣雅・釋詁》云："效，具也。"是猶《天志》三篇，所謂輪人之有規，匠人之有矩，可為天下方圜之法者也。所效者，所以為之法，即《法儀》篇所謂"巧才能中之，不巧者雖不能中，放依以從事，猶逾已"者也。中效則是者，即《經說上》所謂"圜規寫交，方矩見交也"。蓋規不交即非圜，矩不交即非方，此效之大用也。綜計墨學立辯，所以為效者四：（一）三表的實驗，見《非命》

為通常不精辯學者立也。（二）故的注重，是立辯之靈魂。（三）類的詳覈，是立辯之骨幹。（四）辟、侔、援、推四要端，是立辯之四體也。此言立辯必有一定之程式，使人有所遵循，故下文即以辟、侔、援、推四法開示之。

辟也者，畢云“辟”同“譬”**舉也物而以明之也。**王云“也”與“他”同

孫云：“《潛夫論·釋難》篇云：夫譬喻也者，生於直告之不明，故假物之然否以彰之。《荀子·非相》篇云：談說之術，分別以喻之，譬稱以明之。”愚案：孫說是也。試為舉例以申其義。《魯問》篇云：“今有人於此，竊一犬一彘則謂之不仁，竊一國一都則以為義；譬猶小視白謂之白，大視白則謂之黑。”蓋以明其明於小而不明於大同，是為歸納的推論也。

侔也者，比辭而俱行也。

孫云：“《說文》人部云：侔，齊等也。謂辭義齊等，比而同之。”愚案：此以彼此互明，圓彰宗趣。例如《法儀》篇云：“愛人利人以得福者有矣，惡人賊人以得禍者亦有矣”，是為雙關體歸納法。

援也者，曰子然，我奚獨不可以然也。

孫云：“《說文》手部云：援，引也，謂引彼以例此。”愚案：此借眾以為然之有力確證，使己說成立，而敵莫能破。例如《尚賢中》篇：“故古者聖王唯能審以尚賢使能為政，無異物雜焉，天下皆得其利”云云。蓋以時無分古今；苟尚賢，則天下必得其利，是為契合的歸納法。

推也者，以其所不取之同，於其所取者予之也。

孫云：“《淮南子·本經訓》高注云：‘推，求也。’此云‘取’與‘求’義同，謂所求者在此，所不求者在彼；取彼就此以得其同，所謂予之也。”愚案：《經下》云：“在諸其所然取諸未然，取字以意增，諸未從孫校說在

於是推之。”蓋推之一法，較辟、侔、援三法尤重要；無論由一故推知多類為演繹，由多類推知一故為歸納，其用為最廣也。此取不取之同以予之者。例如《公孟》篇云：“夫嬰兒子之知，獨慕父母而已。父母不可得也，然號而不止。此其故何也？即愚之至也。然則儒者之知，豈有以賢於嬰兒子哉？”言儒者之知與嬰兒之知，同一獨慕父母而已。又如《大取》篇云：“小圜之圜與大圜之圜同，不至尺之不至也，與不至千里之不至也不異。”蓋圜之小與大，取不取不同，而可予之三百六十度同；尺與千里取不取之遠近迥異，而其可予之不至不異。是為彙類的歸納法。此知墨子名學，特重歸納，是其獨有之異彩也。

是猶謂也者，同也；吾豈謂也者，異也。

“是猶謂也者，同也”，注重在一“猶”字。例如《公孟》篇子墨子曰：“執無鬼而學祭禮，是猶無客而學客禮也，是猶無魚而為魚罟也”，言同一自相矛盾也。“吾豈謂也者，異也”，注重在一“豈”字。例如《公孟》篇云：“愚豈可謂知矣哉？”言愚與知異也。

此間夾敍此二句者，謂立辭不過辯別質量之異同；然往往異同懸隔，其宗旨可即語氣分別之，亦須審度不容忽也。

夫物有以同而不，孫云讀為“否”**率遂同。**

孫云：“率遂，聲近義同。《廣雅・釋詁》云：率，述也。率、遂、述，古並通用。”愚案：孫說亦通。《詩・思文》篇“帝命率由”傳：率，用也。此言物有多分相同，實不盡同，遂可以其同而用之。例如桀、紂、幽、厲同為暴王，顧其所以成為暴王者不盡同；當其引用時，固同稱為暴王也。此取譬時，宜精密審慎者也。

辭之侔也，有所至而止。“止”舊作“正”，從孫校改。

凡舉是非類同相關之理，彼此互明，必有歸趣而止。例如《魯問》篇云：“故所為功，利於人謂之巧，不利於人謂之拙”，是。設過宂繁，恐致駢枝，此侔辭中所宜注意也。

其然也，有所以然也；其然也同，其所以然不必同。

例如堯、舜、湯、武，皆聖王也，必皆有所以為聖王者也。其為聖王也同，而其所以得為聖王者不必同。此援引時，最宜嚴密剖析者。

其取之也，有所以取之；其取之也同，其所以取之不必同。

例如《韓非子·顯學》篇曰："孔、墨之後，儒分為八，墨離為三，取舍相反不同，而皆自謂眞孔、墨。孔子、墨子，俱道堯、舜，而取舍不同，皆自謂眞堯、舜。"是取之孔、墨、堯、舜者同，其所以取之孔、墨、堯、舜者，各不同也。此取以推論時，宜於其所以取之者，明辨之證也。

以上分釋辟、侔、援、推四法易生謬誤之理由。

是故辟、侔、援、推之辭，行而異，轉而危，遠而失，流而離本。

俞云："'危'讀為'詭'，亦異也。"愚案：俞說未析。《國策·西周策》"竊為君危之"注："危，不安也"，則又甚於異。此總釋辟、侔、援、推易生謬誤之理由。以天下事理異同不易剖判，而言恆不盡意，遂致相傳而義歧異；由是愈傳愈譌，於理不安；愈遠愈喪其眞，而過失叢生；至其末流，必且支離破碎而忘本。《荀子·非相》篇曰："傳者久則論略，近則論詳；略則舉大，詳則舉小。愚者聞其略而不知其詳，聞其詳而不知其大也。是以文久而滅，節族久而絕。"或即本此以立說。

則不可不審也，不可常用也。故言多方，殊類異故，則不可偏觀也。孫云："偏"與"徧"通，下同。

常：《國語·越語》"無忘國常"注："典法也。"言文辭久傳滋譌，當精審；不可以為典要，貿然用之。蓋一名之蘊藏不一義，即一辭之綴合不一方。例如《荀子·正名》篇所謂"名聞而實喻"，同一"實"

字，本書《經上》云：“榮也。”《詩・載芟》“實函斯活”《箋》：“種子也。” 《玉篇》云：“不空也。”《廣雅・釋詁》云：“誠也。”餘義不備舉。然則榮與種子不同故，不空與誠不同類；設未能明析其意，率爾引用以論事，烏乎可。故必循名核實，甄別其類如何殊，故如何異，不可混同以觀也。此教人審用免謬誤也。

夫物或乃是而然，或是而不然，或不是而然，五字從胡適之《小取篇新詁》校增**或一周而一不周，或一是而一非也。**“非也”上，舊衍二十二字，從王校刪

言立辯可大別為五類，此總標之題也；觀下文自明。

白馬，馬也；乘白馬，乘馬也。驪馬，馬也；孫云：《說文》馬部云：驪馬，深黑色**乘驪馬，乘馬也。獲，人也；愛獲，愛人也。臧，人也；愛臧，愛人也。**畢云：《方言》云：臧、獲，奴婢賤稱也**此乃是而然者也。**

此言白馬、驪馬，同是一馬，其色雖或白或驪，然白與驪不可乘。故乘馬者，非乘其白與驪也，乘馬也。獲與臧既同是人，則愛獲、愛臧，即是愛人。因獲與臧不過一種名稱，空無所有，無可愛者也。又獲與臧皆人之賤者且并愛之，則其愛人無差等可知。以上前提與斷案不言非，皆肯定，故曰是而然。

獲之親，人也；獲事其親，非事人也。

獲之事親，固因其為親而事之，非因其為人而事之。

車，木也；乘車，非乘木也。

車由木成，而木既成車，不復為木。乘車者，以車能載運，非木比也。故曰：乘車，非乘木也。

船，木也；乘船，非乘木也。兩“乘”字舊作“人”。解作“人之船，非人之木”；亦通。蘇云“人”當為“入”之誤，亦通

兩“乘”字舊作“人”，從畢校改。因上文“乘白馬、乘驪馬，愛親、愛弟”，均對舉為文，此亦必與乘車對舉也。船固由木造成，而當木未成船時，何以人不乘木；以唯船能容物利涉也。故乘船者，利

船之用，非乘木也。

盜，人也；舊重"人"字，據孫校刪**多盜，非多人也；無盜，非無人也。奚以明之？惡多盜，非惡多人也；欲無盜，非欲無人也；世相與共是之。**

《說文》次部云：次，欲也，欲皿為盜。是盜之為名，已具人而刦奪貨財意。顧盜雖是人，人不皆是盜；以人無盜之意也。故多盜非多人，無盜非無人。惡多盜者，惟惡多盜之害人；欲無盜者，特欲盜不再為盜；均與不為盜之人無關也。不過理淺易知，故世皆以為然。

若若是，則雖盜，孫云：衍一"人"字，今據刪**人也；愛盜，非愛人也；不愛盜，非不愛人也；殺盜，**衍"人"字，刪**非殺人也；無難矣。**"矣"上衍"盜無難"三字，從孫校刪

言雖為盜，究是人；彼其為盜非得已也，終在可愛之列。特愛為盜者，必非愛人之人；故不愛盜，惟憫其誤為盜，不愛其為盜之行為，非不愛其人也。殺盜，亦因其為盜害人之故，懲戒其為盜之非；非殺不為盜之人，故非殺人；是固無可難者。《荀子・正名》篇云："殺盜，非殺人也，此惑於用名以亂名者也"，荀子固未之審。

此與彼同類，世有彼而不自非也，墨者有此而眾非之。"眾"字據下文孫校增**無它**舊譌"也"**故焉，所謂內膠外閉，與心毋空乎，內膠而不解也，此乃是而不然者也。**

孫云："《爾雅・釋詁》云：膠，固也，謂內膠固而外閉塞。空，讀為孔。"愚案：此言此無可難者，與彼相與共是者，固為同類。乃世有彼而不自非；吾墨者有此，不過理似較深，則眾非之。良由人心固執，不能虛空以受益；則耳目失其聰明，惟知是己而非人；是猶心腹之疾，不易治療者也。以上前提皆肯定，斷案皆否定，故曰是而不然。

且鬬雞，非雞也。

"非"下疑當增"鬬"字，據孫校"夫且讀書，非讀書也；好讀書，好書也"；則"且鬬雞，非鬬雞也；好鬬雞，好雞也"，《列子・黃帝》篇：紀渻子為周

宣王養鬬雞相對成文。

且夭，非夭也；壽，夭也。

墨子原天地物我於一兼，無彼此，無壽夭。故謂夭非夭，惟壽為夭可也。因有生即無常也。《莊子·齊物論》：“莫壽於殤子，而彭祖為夭。”或即本此。

非執有命，非命也。

此二“非”字，與上文諸“非”字異義。生死之權，本可自操；彼執有命者，非知命者也。其所謂命，非命也；惟非執有命者知命，故獨能非命也。此墨家所以勤生薄死之要道，固世眾未能遽喻者也。自“夫且讀書”至此，愚嘗均為解釋，今見《小取篇新詁》據《經說上》自前曰且方然亦且解“且”字，甚是。自覺所解不愜意，僅存三事，餘盡削之

墨者有此而眾非之。“眾”舊作“罪”，從孫校改

或因此篇兩見“墨者”，疑非墨子自著之書，竊謂不然。墨非翟姓，墨道非自翟始。（詳《墨稱之探本》）墨者尤非墨家私名，不過如儒者自稱吾儒之意。以是轉足證此篇為墨子自著以教人者也，詳前。

此乃不是而然者也。

此句舊作“此乃是而不然者也”。余向以前文自“無難盜”以下，共五十五字，為涉下為衍，疑當刪。乃細玩上下文，顯然兩節，辭旨各殊；雖重複數句，竟不能刪。因徒王校作“兩是而不然”，以此節為申敘上節之餘義，與總標題四句適合，然於心終不愜。今見胡校云：“前節由肯定之前提，而得否定之結語，王氏所謂言是又言非者是也。此節則先為否定之辭，而後作肯定之結語，先非而後是，故當云‘此乃不是而然者也’。”頗覺精審，足以釋我疑滯，遂改從之。十年十一月二日

愛人，待周愛人，而後為愛人。不愛人，不待周不愛人；不周愛，因為不愛人矣。乘馬，不待周乘馬，然後為乘馬也；有乘於馬，因為乘馬矣。逮至不乘馬，待周不乘馬，而後為不乘馬。此一周而一不周

者也。

俞云：“周，猶徧也。”愚案：周，即今論理學所謂“周延”，究未若釋家稱“周徧”顯豁。愛人必待周愛人，以不周愛人，不得謂之愛人也。不愛人，不待周不愛人，以不愛一人，即是不愛人也。不待周乘馬，然後為乘馬者，以一人不能乘二馬也。必待周不乘馬而後為不乘馬者，以馬必多於乘馬者。乘馬者不乘此馬，未必不乘彼馬，即不能定為不乘馬。故必待周不乘馬，而後為不乘馬。以上二例，義正相反，量因質異也。

問人之病，問人也。惡人之病，非惡人也。

問人之病問人也者，以病不離人而生；故問人之病，即是問人，意在愛人也。惡人之病非惡人也者，以所惡惟在病，非關於人；病所惡，人所愛也。

之馬之目眇，舊作“盼”，從顧校改，下同**則謂之馬眇；之馬之目大，而不謂之馬大。之牛之毛黃，則謂之牛黃；之牛之毛眾，而不謂之牛眾。**

“眇”表一目小，“黃”表色中和。舉名知實，獨立不變。故任何應用，不致混淆，可明其意。若大不能離目而自存，眾不能離毛而自存；故不可用況馬牛，自陷闕過。

一馬，馬也。二馬，馬也。

不過約數顯馬。

馬四足者，一馬而四足也，非兩馬而四足也。

凡馬四足有定數。因質知量，不得相濫。

馬或白者，二馬而或白也，非一馬而或白。

“或白”與“或不白”對，故必二馬始可言“或”；若止一馬，白則白，不白則不白，何“或”之可言。

耕柱

此與《貴義》《公孟》《魯問》《公輸》五篇，蓋二三子記其言行，無異孔門之《論語》。今欲考證墨子之生平、國籍、交游等，胥賴焉。

巫馬子謂子墨子曰。

蘇云："巫馬子為儒者也，疑即孔子弟子巫馬期，否則其後。"孫云："案《史記·孔子弟子傳》云：巫馬施少孔子三十餘歲，計其年齒當長墨子五六十歲，未必得相問答；此或其子姓耳。"愚案：巫馬子或即巫馬期，其年齒斷不能長墨子五六十歲，《史記》巫馬施少孔子三十歲，無"餘"字。孫欲自圓其說，加一"餘"字，非是。計墨子與巫馬施，年齒當相若。以其弟子禽滑釐，曾受業於子夏，見《呂氏春秋·當染》並《史記·儒林傳》子夏少巫馬施十四歲，《史記·仲尼弟子列傳》子夏少孔子四十四歲推之可知。篇中又有子夏之徒問於子墨子曰，君子有鬬乎云云，其答辭顯若長者待後進然；此知墨子之年，必與子夏相上下；斷不至少巫馬施五六十歲。參觀《墨子年代考》。

治徒娛、縣子碩問於子墨子曰。

孫云："二人蓋竝墨子弟子，《呂氏春秋·尊師》篇云：'高何、縣子石，齊國之暴者也。指於鄉曲，學於子墨子。'即此縣子碩也。蘇疑即《檀弓》縣子瑣，未塙。"愚案：蘇說甚塙，孫說非也。《檀弓》記縣子云："古者不降"，"買棺外內易"，謂外內簡易，治之不貴精好，鄭《注》孔《疏》均非"絺衰繐裳非古"，并以暴尪暴巫為非，皆恪遵墨教可證。

子墨子游荊，耕柱子於楚。

畢云："游，謂游揚其名而使之仕。"王云："'耕柱子'上不當有

‘荆’字，耕、荆聲相近，則‘荆’蓋‘耕’字之誤而衍者，《魯問》篇曰，子墨子游公尚過於越。”蘇云：“篇首但言耕柱子，此多一‘荆’字，疑衍文。”愚案：畢、王、蘇三說均非。墨書言“荆”言“楚”者屢見。此“游”字，即《貴義》篇子墨子“南游於楚”之“游”，不必泥作“游揚”解。蓋荆即楚之古名，此或墨子時游於荆，耕柱子在焉，墨子未過耕柱子，惟從游二三子過之。並下文云耕柱子處楚無益，顯見耕柱子因墨子至楚而餽遺之之證。此文當讀“子墨子游荆”為句，“耕柱子於楚”為句，即知“荆”字非衍文。

子墨子使管黔滶游高石子於衛。

畢云：“‘滶’疑‘敖’字。”孫云：“畢說是也。《說文》水部有‘滶’字，從水敖聲，此借為‘敖’，《檀弓》有齊人黔敖，此墨子弟子與彼名同。”愚案：此即《檀弓》之黔敖，觀其為食於路以待飢者，是多財則以分貧也。及餓者不食嗟來之食，從而謝焉，是能以繩墨自矯也。皆實行墨教之證，故知定非二人。高石子去衛之齊見墨子，或亦明去衛之故於黔敖也。案黔敖與曾子同時，從知墨子生年或較長於曾子，與孔子並時而差後無疑。

見人之作餅，則還然竊之。

孫云：“‘還’疑‘睘’之借字，《說文》目部云：睘，驚視也。”愚案：孫說亦通，《左》襄十年傳“還鄭而南”，注：還，繞也。

貴義

今有人於此，有子十人，一人耕而九人處，則耕者不可以不益急矣。何故？則食者衆而耕者寡也。

《亢倉子·農道》篇曰：非老不休，非疾不息，一人勤之，十人食之；或即此言之所本。此知墨家自苦為人之精神，多本農家而出。

彼苟然，然後可也。“苟從羋省。從勹口。勹口，猶慎言也。非從艸之“苟”

盧云：“此下疑有挩文。”孫云：“此七字與上文亦不相應，上下似並有挩佚。”愚案：盧、孫說並非。《說文》：“苟，自急敕也。”音亟，敬也。蓋湯下彭氏子不使御，彭氏子亟誠慎其言而肅然，然後湯仍使之御也。

是圍心而虛天下也。

蘇云：“‘圍心’未詳，‘圍’或當作‘違’。”吳玉搢云：“圍心即違心，古圍、違字通。”愚案：蘇、吳說均未審。《廣雅·釋詁》：“圍，裹也。”此言人心所之，六合無礙，本無時地之可分。若以占方自迷，是自裹其心，即裹其足，必致人事毫無進步，天下等於虛空也。此知墨子獨能破除一切迷信，務強聒天下以為義也。

公孟

子墨子曰，迷之。

孫云：“‘迷之’義不可通，疑‘迷’當為‘還’之誤，謂墨子評程子令還也。”愚案：孫說非。“迷之”義甚明，謂迷惑也。下文“反”，則令其還也。

若先生之言，則是不譽禹不毀桀紂也。

“禹”上疑挩“堯”字，堯禹、桀紂對文。《莊子·大宗師》篇：與其譽堯而非桀也，不如兩忘而化其道；可證。

夫應孰辭稱議而為之，敏也。

孫云："'稱議'上當有'不'字。應孰辭不稱議而為之，謂應習孰之辭，則信口酬答，不待稱議而後對，故下云'敏'也。此明前云'不毀儒非不毀桀紂'之謂，不可以習孰應對之語執以相難。"愚案：孫說未審。"稱議"非平列字，"稱"上不應有"不"字。稱，《荀子·禮論》："貧富輕重，皆有稱者也。"楊注："稱謂各當其宜，尺證反。"敏，審也；《左》僖三十三年《傳》"禮成而加之以敏"注。又達也；《論語·顏淵》"回雖不敏"注。謂應孰習之辭，審量出言以為酬對，是為敏達。則譽堯禹非為譽也，毀桀紂亦非為毀也。如此始與上文"非毀儒之神理"，完全相應。

厚攻則厚吾，薄攻則薄吾。

王引之云："'吾'讀為'列禦寇'之'禦'，'禦'古通作'吾'。"孫云："王校是也。'吾'當為'圄'之省；《說文》口部云：圄，守也。"愚案：王、孫二說均非此。謂議論設不審量，則為譽不當譽、毀不當毀之過失；固望有人攻之。故人厚攻之則是厚吾；薄攻之則是薄吾。《荀子·修身》篇云："非我而當者吾師也"，是其義。若議論各當其宜，則譽不為譽，毀不為毀，人當無所用其攻擊矣。

應執辭而稱議，是猶荷轅而擊蛾也。

孫云："此申'應孰辭不必稱議'之指。"愚案：孫說誤。此言稱議為敏，則被議者無所逃避也。

夫好美者。

孫刻本"夫"譌作"未"。

告子曰言義而行甚惡。

顧云："'曰'當為'日'。"蘇云："'告子曰'之'曰'當作'日'，或為'口'字之訛，下墨子言'告子口言而身不行'，是其證也。然此告子自與墨子同時。後與孟子問答者，當另為一人。"孫云："'曰'

字不誤，此文當作‘告子曰，墨子言義而行甚惡’。蓋告子嘗以此言毀墨子，而二三子為墨子述之。故下文墨子云稱我言以毀我行，又云告子毀猶愈亡也。今本‘告子曰’下捝‘墨子’二字，遂若二三子㡀告子行惡，與下文云‘毀’皆不相應矣。顧、蘇說竝未憭。又案《孟子・告子》篇趙注云：告，姓也。子，男子之通稱也。名不害，兼治儒墨之道者。嘗學於孟子。趙氏疑亦隱據此書，以此告子與彼為一人。王應麟、洪頤煊說竝同。然以年代校之，當以蘇說為是。”愚案：“曰”當從顧、蘇二校作“日”，始與下文“口言而身不行”相應。孫說並非，其以“毀”為毀墨子尤誤。蓋二三子以墨子之教，言行一致。今告子行不顧言，即是毀墨子之行，故請棄之；猶孔門鳴鼓而攻之。非必毀墨子之所行也，即令是毀墨子之行，然猶稱其言；亦足見其言不足以遷行，不能如墨子繩墨自矯。故下文云稱我言以毀我行，又云言仁義不吾毀，足證“告子日言義而行甚惡”甚明。決不當增“墨子”二字，作“告子曰墨子言義而行甚惡”也。至蘇以後與孟子問答者，當另為一人，孫從之；均謬。《孟子》趙注：“以為一人者”，是。王、洪說並同，宜也。觀墨子不許告子之為仁，及《經說下》‘其為仁內也，義外也，舉愛與所利也，是狂舉也’，正與告子與孟子之辯論同。況告子言性無善惡，又與《大取》篇‘為暴人語天之為是也而性’數語合。顯見告子言性，師承墨子。而仁內義外，則告子之偏執。是學於墨子之告子，即與孟子辯論之告子。趙注可據。惟趙注謂其嘗學於孟子則非。蓋孟子既壯，墨子或猶未卒。告子幼受學於墨子，晚年與孟子言性，斷非學於孟子也。

魯問

魯君謂子墨子曰。

孫云："以時代攷之，此魯君疑即穆公。"愚案：穆公與子思晚年并縣子同時，《孟子·公孫丑》篇曰："昔者魯繆公無人乎子思之側，則不能安子思。"《檀弓上》："繆公召縣子而問焉。"墨子年當長子思十餘歲，縣子為墨子弟子。孔子卒於哀公十六年，時墨子年已三四十歲。哀公在位二十七年，悼公繼之，在位三十七年，又元公繼位二十一年。穆公即位，墨子年已九十餘，殆近百歲，或尚未卒。竊疑此魯君，當即悼公或元公也。

子墨子見齊大王曰。

蘇云："'大'當讀'泰'，即太公田和也。蓋齊僭王號之後，亦尊其祖為太王，如周之古公云。"俞云："大公者始有國之尊稱，故周追王自亶父始而稱大王，齊有國自尚父始而稱大公，以及吳之大伯、晉之大叔皆是也。田齊始有國者和也，故稱大公，猶尚父稱大公也。至其後子孫稱王，則亦應稱大王矣，猶亶父稱大王也。因齊大王之稱，它書罕見，故學者不得其說，《太平御覽》引此文遂刪'大'字矣。"孫云："蘇、俞說是也。據《史記·田敬仲世家》，及《六國年》表，田莊子卒於周威烈王十五年，子大公和立。安王十六年，田和始立為諸侯。墨子見大王，疑當在田和為諸侯之後。"愚案："大王"既屬僭號追稱，未必非田莊子。即為田和，未必在為諸侯之後。孫說過泥，不可從。蓋田和始命為諸侯，在魯繆公二十二年，次年即卒。墨子大年，未必百二十餘歲，亦未必於田和將卒時始見之也。

孰將受其不祥。

孫刻本“孰”訛“就”。

魯人有因子墨子而學其子者。

《文王世子》“凡學世子”,《釋文》:“學，戶孝反，教也。”《白虎通·辟雍》:“學之為言覺也，以覺悟所不知也。”

今學成矣，戰而死，而子慍。而猶欲糶糴，讐則慍也。

“糴糶”,《閒詁》作“糶糴”，孫云:“吳鈔本‘糶糴’二字互易。”畢云:“‘售’字正作‘讐’。”王云:“‘糴’當為‘糶’。《廣雅》:糴，買也；糶，賣也。故云是猶欲糶，糶讐則慍也。今本‘糶’作‘糴’，則義不可通。”愚案：孫從畢校作‘糶糴’，并王說均未審，今從吳鈔本正。蓋墨子了徹生死之故，故薄死。此言受教如糴，戰死致用如糶。糶即讐，正教成之證。不宜慍，慍則與教子之旨相背也。故下文云豈不悖哉。

魯之南鄙人有吳慮者，冬陶夏耕，自比於舜。

南對北言，即此可知墨子居魯北境，詳《墨子傳略》。吳慮蓋卓然農家也。農者，務自勤勉以厚民生之義。《廣雅·釋詁》云:“農，勉也。”《書·洪範》“農用八政”,《傳》“厚也”。鄭注:“讀為醲。”《論語·子路》篇“吾不如老農”，皇《疏》“濃也”,《禮含文嘉》《風俗通·皇霸》並稱“神農德濃厚如神”。此冬陶夏耕之所以勉厚民生也。自比於舜者，不必託之遠古而世易信從也。其用心與許行託於神農同。是亦救時之賢者。

吳慮謂子墨子曰。“曰”字從孫校增**義耳義耳，焉用言之哉。**

吳慮以當時處士橫議，《孟子·滕文公下》道路曲辯，輩輩成羣，《商君書·農戰》病農已甚。不可尤而效之，故其言如此，是其力矯時弊之苦心也。

子墨子曰，子之所謂義者，亦有力以勞人，有財以分人乎？吳慮

曰有。

此農家均勞逸、均貧富二大綱。儼然今之勞農主義也。

翟以為不若誦先王之道而求其說，通聖人之言而察其辭；上說王公大人，次說匹夫徒步之士；“次”下“說”字從畢校增 **王公大人用吾言國必治，匹夫徒步之士用吾言行必脩；故翟以為雖不耕而食飢，不織而衣寒；功賢於耕而食之、織而衣之者也。**

即此知吳慮之農，陜義之農也。墨子蓋以有道肆相教誨，欲進吳慮為廣義之農也。所謂廣義之農者，如《尸子》曰：“神農夫負婦戴，以治天下。堯曰：朕之比神農，猶旦與昏也。”是堯雖未躬耕，而心儀神農，為天下臞瘦者，猶之農也。《荀子·大略》篇曰：“禹見耕者耦立而式。”是禹之自苦為極，不必農之迹，而得農之神者也。此知墨子獨自苦而為義，且因天下不為義而益急者；《貴義》實上接堯禹之心傳，將以令“天下一心”《亢倉子·農道》篇也。

子墨子游魏、越曰。

《閒詁》以魏越為墨子弟子，愚案：未塙。“曰”上疑有挩文。或墨子將西游魏而東游越，所過不一國，故或以子將奚先問；墨子因以擇務從事答之。可見魏、越皆國名；觀上文言越王事，尤似記事者連類而及也。

子墨子出曹公子而於宋。

孫云：“舊本‘出’上有‘曰’字。”王云：“此本作‘子墨子出曹公子於宋’，猶上文言‘子墨子游公尚過於越’也。今本衍‘曰’字，而字則義不可通。”俞云：“王說是也。然‘出’字義不可通，‘出’當為‘士’字之誤，《史記·夏本紀》稱‘以出’，徐廣曰一作‘士’，是其例也。‘士’與‘仕’通，子墨子士曹公子於宋，即仕曹公子於宋也。《貴義》篇曰，‘子墨子仕人於衛’。案王校是也，蘇說同，今據删。曹公子亦墨子弟子。”愚案：孫據王、蘇二校删‘曰’字是也。竊以‘而’字衍，亦當删。俞以‘出’字義不可通，竊謂‘出’字義本可通。《孟子·告子下》“出則無敵國外患者”注：“出，謂國外也。”墨子魯人，曹公子亦必魯人，墨子仕之於宋，故云出。下文三年而反，可證。出與反，文正相對。況“出”對“處”言，尤合。

有家厚謹祭祀鬼神。

孫云：“此與上文複，疑‘厚’當為‘享’，‘有’讀為‘又’，言又於家為享祀。”愚案：孫云“有讀為又”是，“疑厚為享”非。以與下文義複也。“家厚”二字，涉上而衍，當删。

夫鬼神豈唯擢黍拑肺之為欲哉。“黍”舊作“季”，從王校改

蘇云：“言鬼神非徒貪嗜飲食者也。”愚案：此與《書·君陳》篇“黍稷非馨，明德惟馨”義同。

今子處高爵祿，而不以讓賢，一不祥也。多財而不以分貧，二不祥也。

不祥本於自私。此知墨子妙悟玄猷，欲人心境光明，冥通大化，自與鬼神合其吉凶。

今子事鬼神，唯祭而已矣；而曰病何自至哉。是猶百門而閉一門焉，曰盜何從入。

官以物亂，精耗神散；日與為接，何非致病之門。

若是而求福於有怪之鬼，豈可哉。

孫云：“此義難通，據下文疑亦當作‘求百福於鬼神’。”愚案：孫說未審。此係上文結語，不當據下文為校。有怪，疑即《詩·抑之》篇不可度思義。《天志中》篇云，“又以先王之書，馴天明不解之道也知之”，“不解”亦即此“有怪”之義。釋氏所謂不可思議是也。“鬼”下捝“神”字，當據上文增。“福”上據下文增“百”字，亦與上文

合。曹公子不知敬鬼神之正義，不惟祭祀之跡，在乎讓賢博施以濟世。故墨子教之如此。從知墨子之敬鬼神，蓋即色游玄，以通乎物之所造。儒家不及也。學者多譏為迷信，陋矣。

古者聖王事鬼神，祭而已矣。

孫云："謂無所求也。《禮器》云：'祭祀不祈。'鄭《注》云：'祭祀不為求福也。'"愚案：祭祀不為求福，固也。然其所以為祭者，必非無故，不可不言。蓋祭者所以虛中，專致其精明之德以交於神明，參觀《祭義》《祭統》復性也非求福也，福不可求而自至者也。設因求福而祭，則其心已貪汙，是自求禍也。鬼神不過性道之跡，恆依人心之貞一與否現吉凶也。故最上上祭，莫若自苦為極，兼愛天下，則德合無疆，福利無疆矣。

今以豚祭而求百福，則其富不如其貧也。

言心為物役，無有已時，未若貧而無累心安也。

若以王為無道，則何故不受而治也。

此見墨子言治，以民為貴之精神。《尚同中》篇曰："故古者之置正長也，將以治民也。"即此原理。

若以白公為不義，何故不受王，誅白公然而反王。俞云：然之言焉也

此教孟山當於有為之中，權輕重以利天下。故《大取》篇曰，於所體輕重之中，而權其輕重之謂權，從吳鈔本權正也。

項子牛三侵魯地。

孫云："項子牛，齊人，見前。三侵魯，不知在何年？以《史記·六國年表》及《田齊世家》考之，魯元公十九年，齊伐魯葛及安陵，二十年取魯一城，穆公二年齊伐魯取郕，十六年伐魯取最，或即三侵之事與。"愚案：孫說不盡可從。據《六國表》，自魯元公十七年，至二十一年，五年之間，田齊三伐魯，已足當三侵之數。亦合墨子生存之

年。若加入魯穆十六年田和伐魯取最事，則為四侵，甚無取也。以墨子之高義，能容勝綽背義而譎項子牛，歷時十九年；且必待其四侵魯，始請退；有是理乎？況本書明明曰三侵，未言四侵也。以墨子年代攷之，恐至穆公十六年墓木已拱。即以《閒詁·墨子年表》言之，於穆公十四年下記鄭人三世殺君事，已知與文君年不合。墨子與文君同時，可見此十六年伐魯取最之說，未必合也。

越人因此若埶，亟敗楚人。“埶亟”舊作“埶函”，從王校改

王云：“‘埶’即今‘勢’字，‘此若埶’者，‘此埶’也。若，亦此也。古人自有複語耳。墨子書多謂‘此’為‘此若’，言越人因此水勢，遂數敗楚人也。”愚案：王說“埶即今勢字”是也。云“若亦此也”則非。《書·堯典》“欽若昊天”注：“若，順也”，此謂越人因此順水之勢，遂數敗楚人。

公輸

子墨子亦曰，吾知子之所以距我，吾不言。楚王問其故，子墨子曰，公輸子之意，不過欲殺臣。

靈知明照，物莫能遮，是為他心通。《大取》篇曰：“正體不動”，是其來源；“殺己以存天下”，是其慧用也。

備城門第五十二

孫云：“自此至《雜守》凡二十篇，皆禽滑釐所受守城之法也。五

十二，吳鈔本作‘五十四’。則前當有兩闕篇，未知是否？李筌《太白陰經·守城具》篇云：禽滑釐問墨翟守城之具，墨翟答以六十六事。即指以下數篇言之。六十六事，別本《陰經》作五十六事。今兵法諸篇闕者幾半，文字復多挩互，與李筌所舉事數不相應。所記兵械名制，錯雜舛啎，無可質證。今依文詁釋，略識辜較，亦莫能得其詳也。”愚案：今存十一篇，蓋用踐非攻之實者。以空言弭兵，於事無濟，故研精而成此絕技；是為專門之學。非禽滑釐不能記述無疑。即此篇“禽滑釐問於子墨子曰”，《備梯》篇“禽滑釐子事子墨子三年”云云，可證。至《備高臨》《備穴》《備蛾傅》諸篇，“禽子再拜”云云，皆禽子自述。子為男子通稱，非自尊也。

墨子傳略

墨子名翟，姓墨氏。《廣韻二十五德》《通志氏族略》，引《元和姓纂》云，墨氏孤竹君之後，本墨台氏，後改為墨氏，戰國時宋人，墨翟著書，號墨子

愚案：《元和姓纂》之說不確。墨子非姓墨。墨者道學之稱，淵源甚古。詳《墨稱之探本》。

魯人《呂覽·當染》《慎大》篇注。《貴義》篇云：墨子自魯即齊。又《魯問》篇云：越王為公尚過束車五十乘，以迎子墨子於魯。《呂氏春秋·愛類》篇云：公輸般為雲梯，欲以攻宋，墨子聞之，自魯往，見荆王曰，臣北方之鄙人也。《淮南子·修務訓》亦云：自魯趨而往，十日十夜至於郢。並墨子為魯人之塙證

案：孫說是也。玆更舉證以實之。明墨子確非宋人，並非楚之魯陽人也。本書《公輸》篇曰：“子墨子歸過宋。”其自楚歸，明非楚人。曰過宋，明非宋人。又《貴義》篇曰：“南游使衛。”衛在魯之西南，故曰南游。設為楚之魯陽人，當曰北游矣。又曰“南游於楚見楚惠王”；則非楚之魯陽人尤顯著。《公孟》篇：“有游於子墨子之門者，其年而責仕於子墨子，子墨子曰‘不仕子，子亦聞夫魯語乎’。”可見此游於

墨子之門者非魯人，故墨子舉鄉諺以比喻之。又《魯問》篇魯君與墨子問答者再，設非魯人，何不云游於魯見魯君耶？又："魯人有因子墨子而學其子者。"觀此魯人，必居距墨子不遠。又："魯之南鄙人有吳慮者，冬陶夏耕，自比於舜，子墨子聞而見之。"顯見墨子居魯北境，故曰南鄙；不曰往游，而曰聞而見之，不甚遠故也。又："魯君之嬖人死，魯君為之誄，魯人因說而用之。"又："魯祝以一豚祭，而求百福於鬼神。墨子均以為不可。"設墨子非魯人，何獨記魯細事之詳耶？又《耕柱》篇"巫馬子謂子墨子曰，我與子異，我不能兼愛，我愛魯人於鄒人"云云，蓋其鄉人時與晤談耳。又《備梯》篇："禽滑釐子事子墨子三年，子墨子甚哀之，乃管酒塊脯寄於太山滅茅坐之。"太山即魯北境也。又《兼愛中》篇曰："挈泰山而越河濟。"亦借本地風光取譬也。凡此皆足為墨子是魯人之塙證。

蓋生於周定王時。

案孫說不確，《年表》亦未足據。今詳加徵討，當生於周敬王時。另為《年代攷》附後。

案淮南王書，謂"孔墨皆脩先聖之術，通六蓺之論"，《主術訓》**今攷六蓺為儒家之學，非墨氏所治也。墨子之學，蓋長於《詩》《書》《春秋》；故本書引《詩》三百篇，與孔子所刪同。引《尚書》如《甘誓》《仲虺之誥》《說命》《大誓》《洪範》《呂刑》亦與百篇之書同。又曰，吾嘗見百國《春秋》，**《隋書·李德林傳》。此與孔子所修《春秋》異。本書《明鬼》篇亦引周、燕、宋、齊諸國《春秋》**而於禮則法夏絀周，樂則又非之；與儒家六蓺之學不合，淮南所言，非其事實也。**《淮南子要略》又云：墨子學儒者之業，受孔子之術，尤非

案：孫說未審，淮南書確乎可信。墨與儒同稱堯舜，同說《詩》《書》處甚多。惟反對失義之禮與樂耳。詳後《墨儒之異同》。

宋昭公時嘗為大夫。

案：此說恐不確。《史記·孟荀列傳》云：“蓋墨翟宋之大夫”；《藝文志》云：“為宋大夫”；墨子為墨家宗師，《史記》竟不論列其言行為傳，僅於《孟荀傳》末附綴姓名，何其疏也。墨子書今猶存五十三篇，於仕宋事，毫無可徵。或史公以其止楚攻宋而云然，故不能質定在何時。《漢書》沿之，宋鮑彪《戰國策·宋策》注，謂“當景公昭公時”，又沿《史》《漢》《二書》而增其誤。《閒詁》因斷定在昭公時，則將使後人盡以非為是矣。《墨子年表》，推定墨子生年過後，疏謬無疑；則此增成鮑彪之誤，不足據可知。《史記·鄒陽傳》云：“宋信子罕之計而囚墨翟”，不知果何為。若以止楚攻宋事，疑其嘗為宋大夫，未免太不知墨子。蓋墨道之大，固一兼無外者也。竊以墨子富具農家平等之精神，尚勞賤，必不樂為大夫，致妨繩墨自矯之勝行。今舉二證以明遷、固之非：（一）《魯問》篇：“越王為公尚過束車五十乘，以迎墨子於魯，墨子不往。”《呂氏春秋·高義》篇且云：“若越王聽吾言用吾道，翟度身而衣，量腹而食，比於賓萌，高注：賓客、萌民也未敢求仕。”此知墨子之高義。（二）《呂氏春秋·愛類》篇，記墨子免宋之難，後即繼以大禹為民之勤勞曰，“聖王通士，不出於利民者無有。”聖王指禹，通士指墨子，既稱通士，則未為大夫無疑。蓋墨子或以孔子三月無君則皇皇，未若自身創教，則轉移世運之權，操之在己為得也。以墨子人格之高尚，豈屑與當時大夫伍哉！

墨學傳授攷

禽滑釐 《列子·楊朱》篇云：衛端木叔者，子貢之世也。藉其先貲，家累萬金，不治世故。及其死也，無瘞埋之資；一國之人受其施者，相與賦而藏之。禽骨釐聞之曰：端木叔，狂人也，辱其祖矣。此與墨學無與，附著於此案：孫云"此與墨學無與"，非是。禽滑釐以端木叔散財類墨行，而放恣似楊朱；斥之，所以嚴朱紫之辯，端風化也。是禽子能弘墨道之證。宜乎《莊子·天下》篇，以之與墨翟並稱。

魏、越墨子弟子。

案：魏、越當為二國名，詳前。

告子。

當為墨子弟子，詳前。

程繁。

當為墨子弟子，蓋先為儒而後為墨者。初以非樂非儒為過，墨子因與辯明以破其執。《公孟》篇"程子無辭而出，子墨子曰迷之，使之反；及其復坐，又進曰，鄉者先生之言有可聞者焉"云云；墨子因謂孔子亦有足稱者，使之心悅而誠服，可謂循循善誘矣。

公孟子。

當為墨子弟子，亦先為儒而後為墨者。嘗服儒服見墨子，墨子曰："行不在服。"公孟子曰："吾聞之宿善者不祥，請舍服易章甫復見夫子。"是其輸誠服教之明證。乃墨子請因以相見，破其執著。故書中慇慇開示，視他弟子獨勤。

案《陶潛集·集聖賢羣輔錄》末附載三墨云："不累於俗，不飾於物，不尊於名，《莊子·天下》篇作不苟於人不忮於衆，此宋鈃、尹文之墨；鈃當從《莊子》作鈃，即《孟子》之宋牼也。裘褐為衣，跂蹻為服，日夜不休，以自苦為極者，相里勤、五侯子之墨；俱誦墨經，而背譎不同，相謂別墨，以堅白此亦本《莊子》而文義未全；豈僞託者失其句讀，抑傳寫有挩誤邪？此苦獲、已齒、鄧陵子之墨。"此別據《莊子·天下》篇為三墨，與韓非書殊異。北齊陽休之所編《陶集》即有此條。宋本《陶集》宋庠後記云，八儒三墨二條，此似後人妄加，非陶公本意攷《莊子》本以宋鈃、尹文別為一家，不云亦為墨氏之學。以所舉二人學術大略攷之，其崇儉非鬭，雖與墨氏相近；《荀子·非十二子》篇以墨翟、宋鈃並稱。而師承實迥異，乃強以充三墨之數；而韓非所云相夫氏之墨者，反置不取；不知果何據也。宋鈃書，《漢書・藝文志》在小說家，云黃老意。尹文書在名家，今具存。其《大道上》篇云："大道治者則名法儒墨自廢"，又云："是道治者謂之善人，藉名法儒墨者，謂之不善人"。則二人皆不治墨氏之術，有明證矣。近俞正燮《癸巳類稿・墨學論》，亦以宋牼為墨徒。誤與《羣輔錄》同《羣輔錄》本依託不出淵明，而此條尤疏謬，今不據補錄。

愚案：《羣輔錄》言三墨，固與韓非書異；而宋鈃、尹文崇儉非鬭，則確乎墨行也。宋鈃書，《藝文志》列之小說家，云黃老意，不知墨學本與黃老互通而難分。足見荀卿以墨翟、宋鈃並偁，信而可據。列宋鈃書於小說家，自是班氏之疏。尹文書在名家，名學為墨學之一端，正尹文師承有本之明證。其云"大道治者則名法儒墨自廢"；又云："是道治者謂之善人，藉名法儒墨者謂之不善人"，其意蓋以墨離為三，背譎不同，殊令後世莫知正宗。倘一以大道為歸，則不惟名法儒諸學，不及墨道之大者可廢；即墨道之"總乎天地以同常"本《尚賢中》者，轉得因"道"而益彰。是墨之名雖廢，墨之實不能廢也。此尹文於墨子之教，深造有得之言也。《閒詁》以宋鈃、尹文皆不治墨氏之術，殊謬。

附汪中《墨子序》云："《親士》篇錯入道家言二條，與前後不類，今出而附之篇末。"竊以《親士》全篇，過半皆道家言，正為道與儒墨不分之證，惜不知其二條何指也。又張惠言《墨子經說解》後序云："墨氏之言修身親士多善言，其義託之堯禹。"又云："今觀墨子之書，《經說大小》取，盡同異堅白之術。蓋縱横、名、法家惠施、公孫龍、申、韓之屬皆出焉。"詎知此即儒、墨、名、法不分之證。又云："墨之本在兼愛，而兼愛者，墨之所以自固而不可破。兼愛之言曰，愛人者人亦愛之，利人者人亦利之。仁君使天下聰明耳目相為視聽，股肱畢強相為動宰，此其與聖人所以治天下者復何以異；故凡墨氏之所以自託于堯禹者，兼愛也。中略孟子不攻其流而攻其本，不誅其說而誅其心；斷然被之以無父之罪，而其說始無以自立。”竊不解墨子之兼愛；果何以異於堯禹。墨子之兼愛為無父，堯禹之兼愛為有父，恐孟子難以置辯。諸先哲勤究是書，似皆於墨學，未及通其源而輒滯其流。蓋古者農道儒墨名法諸家，均不過主旨互異，其為學實不能嚴定分析也。例如：墨家尚賢貴義，儒家亦然；墨家反對美術非樂非儒，道家亦然；墨家非攻節用，道家、儒家、農家莫不然。蓋墨學之中，兼該道學、農學、儒學、名學、兵學《備城門》等技巧學，光學、重學、形學等不得遽謂儒墨不同術，或錯入道家言。蔡孑民先生嘗謂純一曰：“《漢書·藝文志》，九流之目，甚為曖昧”；誠確論也。汪以“世之學老子者則絀儒學，儒學亦絀老子，惟儒墨則亦然。”汪中《墨子序》詎知荀卿儒者，《非十二子》篇亦非儒；則墨家雖俱誦墨經，而倍譎不同，相謂別墨。《莊子·天下》篇何足異。蓋儒分為八，墨離為三，取舍相反，猶孔子墨子俱道堯舜，而取舍不同。韓非子《顯學》篇宋鈃、尹文卓然墨學大家，烏得謂不治墨氏之術耶？

董無心。

鄭樵《通志·藝文略》，載《董子》一卷，云：“戰國時董無心撰，其說本墨氏。”合觀《意林》《論衡》，知董無心固由儒而歸墨者，亦墨氏名家，當附著纏子後。

墨者師。

《呂氏春秋·應言》篇，“司馬喜難墨者師於中山王前以非攻曰：‘先生之所術非攻夫？’墨者師曰：‘然’。曰：‘今王興兵而攻燕，先生將非王乎？’墨者師對曰：‘然則相國是攻之乎？’司馬喜曰：‘然’。墨者師曰：‘今趙興兵而攻中山，相國將是之乎？’司馬喜無以應。”案墨者師非攻，毅然不為威武屈，疑即墨家鉅子之通稱，當附箸鉅子後。《莊子·知北游》篇曰：“君子之人，若儒墨者師，故以是非相鳌也。想見當時墨者師不一人。”

補箋

分議者延延，而支苟者詻詻。《親士》

畢云：“‘支苟’二字疑誤。”洪頤煊云：“延延，長也。支苟，當是‘致敬’之譌。詻詻，與‘諤諤’同。言分議者，皆延延以念久長。而致敬者，又諤諤以盡其誠。即上文所謂‘上必有詻詻之下’也。”蘇云：“‘支苟’二字，疑‘敬’字之訛。”俞云：“支苟，乃‘稽扳’二字之叚音。《說文》禾部扳，稽扳也。徐鍇曰：稽扳，不伸之意。然則稽扳者詻詻，殆謂在下位者，或為上所淩壓而不得申；亦必詻詻然自申其意而後已。上文所謂‘上必有詻詻之下’是也。”孫云：“洪謂‘苟’為‘敬’之譌是也，而以‘支’為‘致’則未塙；俞說尤誤。以文義推之，‘支’疑當為‘交’，形近而譌。《經說上》篇‘圜規寫交也’，今本交亦誤‘支’，是其證。敬讀為儆，交儆謂交相儆戒也。‘苟’即‘敬’之壞字，《國語・楚語》左史倚相見申公子亹曰：唯子老耄，故欲見以交儆子。韋注云：交，夾也。”愚案：‘支苟’之訓，俞說是也，畢、洪、蘇、孫四說均非。劉再賡云：“‘分’疑‘刅’之譌。刅，篆作刅；即古‘創’字。”愚案“創”即“刱”之叚，刅聲。刅議者，大氐近臣建議長養生民保衛國土之事；義較分議為長。正與下文“近臣則暗義”對。而“稽扳者詻詻”，則與下文“遠臣則唫義”對也。

得其所以自養之情，而不感於外也。《辭過》

孫云：“感，《治要》同。案當為‘惑‘之誤。”愚案：孫說非，“感《治要》同”，是不誤之證。小戴《禮樂記》：“夫物之感人無窮，而人之好惡無節，則是物至而人化物也。”即此不感於外之故。蓋墨家節用，匪惟使天下“均，無貧”，馬克斯主義同亦使人皆存性與天地同和也。此知墨子非樂蓋欲大多數人皆得無聲之至樂一部《易經》衹教人貞一所感耳；墨子有焉。

其類在官苟。《大取》

劉再賡云：“官，猶公也。苟，音亟；敬也。《儀禮》‘賓為苟敬’，《大學》‘苟日新’，皆當從芈不從艸。墨子之意，謂愛人之親，若愛其親，其類在公敬。”愚案：《說文》桂注：“苟，通作亟。《方言》自關而西，秦晉之間，凡相敬愛謂之亟。”此言愛人之親，若愛其親，即是公同敬愛其親。《兼愛下》篇曰：兼士“為其友之親，若為其親”，即其義。余前箋作苟，屬下讀，據此足正其誤。

其類在死也。

劉再賡云：“也，眞書作它。它，為古‘蛇’字。野處時代恆患蛇，酬酢閒每問無它乎？它即佗，‘佗’隸變作‘他’。他者，人也。食人之食者死人之事。死他，即為人死也。與今語‘利他’同例。”愚案：別本作“虵”，乃“蛇”俗字；據《說文》“蛇”即“它”之演。此“也”本作“它”，同“他”；與《小取》篇“無也故焉”同。言兼愛眾人，與愛一人無殊。蓋兼愛一愛，眞理不二，惟在舍身愛人而已。前文云：“殺已以利天下。”《經說上》云：“任，為身之所惡，以成人之所急。”蓋兼之體明，故愛之用弘也。耶穌曰：“人為友捐命，愛無大於此者”；《約翰傳》十五章義同。

人不見而耶，鬼不見而富《耕柱》孫刻本“鬼”下衍“而”字，據浙局本並王注刪

王引之云：“‘耶’字義不可通，蓋‘服’之壞字也。富讀為福，福、富古字通。而，汝也。人不見而服者，未見人之服汝也。鬼不見而富者，未見鬼之福汝也。故下文曰‘而子為之有狂疾也’。‘服’與‘福’為韻。”蘇云：“‘耶’當作‘取’。”孫云：“王讀富為福是也。‘耶’疑

‘助’之譌。王、蘇校並未境。”愚案：“耶”字之譌，蘇、孫二校未境，王云“服”與“福”為韻是也。竊疑“福”古或寫作“戜”，形近“富”而譌。近年發見南粵王忽墓，内有圭銘：“受戜無疆”，可證。

是所謂經者口也，殺常之身者也。

孫云：“常”疑當作“子”。此下亦有捝誤。愚案：孫誤。《淮南子·精神訓》“熊經鳥伸”高注：“經，動搖也。者，此也。”俗作“這”。“常”字不誤。《詩·柏舟》“之死矢靡它”，《箋》“之”，至“也”。言率爾動搖者口，則殺機常至其身；蓋古語也。“殺常之身”句與吾友劉再賡同釋

若無所利而不言，是蕩口也。

孫云：“不言”疑當作“必言”。愚案：孫誤。“不”與“丕”同音。故古多用“不”為“丕”。如“不顯”即“丕顯”是。《說文》：丕，大也。此謂無所利而大言，徒敝口舌而已。

終

附錄

墨稱之探本 此篇寫於八年春，曾發表於《南開思潮》及《新中國》

《孟子》《荀子》《列子》《莊子》《韓非子》皆稱墨翟，或單稱墨。高誘注《淮南·修務訓》《呂氏春秋·當染》，並云名翟；而於《呂覽·慎大》注，則稱“以墨道聞”。《漢書·藝文志》顏師古注，亦僅云名翟。詳諸家所稱，從未明言墨為姓者。惟《通志氏族略》，引《元和姓纂》云：“墨氏孤竹君之後，本墨胎氏，後改為墨氏，戰國時宋人墨翟，著書號《墨子》。”此不過因伯夷、叔齊姓墨胎氏，遂以附會翟

姓墨，未足深信。今詳審墨子當為魯人，知稱宋人不確；則援墨胎為姓，亦不確無疑。信乎高誘“以墨道聞”之說，非姓明矣。

近江瑔著《讀子巵言》，論墨子非姓墨，頗具卓識。其說曰：“墨家諸人無一稱姓，以宗族姓氏為畛域之所由生，故去姓而稱號，以充其兼愛上同之量；又與釋氏之法同。此孟子所以斥之為‘無父’，亦墨氏之學，所以獨異於諸家，而高出於千古也。”案瑔說墨非姓是，說墨家諸人無一稱姓，未確，墨門如彭輕生子、田俅子、孟勝、徐弱、田襄子等，似皆有姓，《通志氏族略》胡非氏，陳胡公後有公子非，其後子孫為胡非氏，戰國時有胡非子著書，尤其證凡以明墨為學為道耳。余向疑莊子之論墨子曰：“以繩墨自矯”，“枯槁不舍”；《天下》篇荀子之非墨子曰：“刻死而附生謂之墨”；《禮論》篇又曰：“其送死瘠墨”，《樂論》篇以為墨者，殆從其行義而為之稱。今觀瑔之說，乃不期而合。

更略申其義：《廣雅·釋器》“墨，黑也”；《釋名·釋書契》“墨，晦也，似物晦墨也”。翟奚取於是哉？《莊子·天下》篇曰：“不能如此，非禹之道也，不足謂墨。”《潛夫論·讚學》篇曰：“禹師墨如。”是知翟祖大禹，見《莊子·天下》篇，又《說苑·反質》篇，墨子答禽滑釐，亟偁“大禹卑小宮室，損薄飲食”云云，均其證即祖墨如；而墨稱之所本著明矣。禹王天下，色尚黑，《禮檀·弓上》“夏后氏尚黑”執玄圭。《書·禹貢禹》“錫玄圭，玄幽遠義”；《文選·文賦》“佇中區以玄覽”注；老子曰，“滌除玄覽”，何上公曰：心居玄冥之處，覽知萬物，玄之取義深矣禹蓋以黑為道，故勞形以利天下，而不矜不伐。又曰：“生寄死歸”，《淮南子·精神訓》深明生死之故，《呂覽·知分》篇“禹達乎生死之分”禹之道微矣。周徵藏史聃之言曰：“知白守黑”，“玄之又玄”玄即墨與黑之義，《楚辭·懷沙》“玄文處幽兮”注，玄墨也；《大戴禮·夏小正》“玄校”傳，玄也者，黑也蓋即傳禹之道者也。五千言中，持‘慈’‘儉’‘外身’，及‘不爭’‘不矜伐’之說；《文子·符言》篇亦有老子曰：“生所假也，死所歸也”之文，皆符合可證。上古三代之世，學皆在於天子，《尚同中》引周頌之詩曰，“載見辟王，聿求厥章”，《呂氏春秋·當染》篇曰，“魯惠公使宰讓請郊廟之禮於天子”，皆其證史官守之，老子世守柱下，得掌數千年之祕藏，與史佚《漢書·藝文志》墨家以尹、佚二篇列首史角無攸異。禹之傳既在於史氏，墨子學於史角之後，《呂氏春秋·當染》篇又屢游楚，知必詳聞聃、史之道；《墨子》書存《道藏》可證因以上接大禹之傳。觀其“摩頂放踵利天下”；《孟子·盡心》及“其徒百八十人，皆可赴火蹈刃，死不還踵”；《淮南子·泰族訓》）即“大禹竭力而勞萬民”《淮南子·精神訓》之義。翟嘗言“愛人非為譽也，其類在逆旅”，《大取》蓋源出生寄死歸之旨。“其道不怒”，《莊子·天下》，蓋我法“二執俱空”也故有慈無爭。《國語·周語下》“昔史佚有言曰德莫若讓”然則翟之以墨立教，棄文崇實，其淵源有自也。蓋墨者滌除玄覽，淳樸大齊之謂。道不極於墨，不知有無異同之俱一，人己生死之大通，兼之義無由明也。稱墨翟者，猶稱史佚、史角，醫和、醫緩之類也。

《韓非子·顯學》篇曰：“墨之所至，墨翟也。”玩其意，墨道至翟集大成，不自翟始顯然。“太史公敍六家，劉向條九流，各以其學術名”，黃紹基《墨子閒詁跋》後世誤以墨為姓，則失其本，不可以不辨。

章太炎云：“墨子尚勞苦，面墨而窮，墨或其綽號；猶言富者，皆稱朱、公白圭也。”

墨子年代攷

《史記·孟子荀卿列傳》記墨子時代，“或曰並孔子時，或曰在其後”，《漢書·藝文志》云：“在孔子後”。自後莫宗一是，迄無定論。《閒詁》年表，“謂當與子思並時，而生年尚在其後”，不盡可從。今詳加徵討，墨子當生於周敬王十年與廿年之間。適當孔子四十歲以後，五十歲以前，與子夏、曾子等齊年，胡適之謂吳起死時，墨子已死，《中國哲學史大綱》一四六頁誠為確證。但說吳起死時，墨子已死了差不多四十年，一四七頁不可信。蓋與孔子並時而差後，遷、固二說均可通。汪中《墨子》序，言在句踐稱伯之後，《魯問》篇“越王請裂故吳之地方五百里以封子墨子”，亦一證秦獻公未得志之前，全晉之時三家未分，齊未為陳氏也，極精確。蓋楚惠王、魯陽文子、公輸般，皆與墨子同時，足徵其年於孔子差後，固無疑已。茲更舉證如下：

（一）墨子弟子禽滑釐，曾受業於子夏，見《呂氏春秋·當染》並《史記·儒林傳》子夏少孔子四十四歲；《史記・仲尼弟子列傳》《耕柱》篇又有"子夏之徒，問於子墨子曰，君子有闘乎"云云。以此推知墨子當與子夏齊年。

（二）墨子弟子管黔敖，即《檀弓》之黔敖。嘗為食於路，以待餓者曰："嗟來食"，乃餓者不食嗟來之食，從而謝焉，卒不食而死。曾子聞之曰："其嗟也可去，其謝也可食。"曾子少孔子四十六歲，以此推知墨子或稍長於曾子，或與曾子齊年。

（三）《耕柱》篇："巫馬子謂子墨子曰，鬼神孰與聖人明智。"蘇云："巫馬子為儒者也，疑即孔子弟子巫馬期，否則其後。"案巫馬施少孔子三十歲，《仲尼弟子列傳》長墨子亦不過十餘歲，正相值也。

（四）《公孟》篇"公孟子謂子墨子曰，君子共己以待"云云。惠棟云："公孟子即公明子，孔子之徒。"孫云："《說苑・修文》篇有公孟子高，見顓孫子莫及曾子，此公孟子疑即子高，蓋七十子之弟子也。"愚案：無論公孟子為孔子之徒，或七十子之弟子，皆足為墨子與孔子並時而差後之證。

（五）《論語・陽貨》篇"宰我問三年之喪，期已久矣，君子三年不為禮，禮必壞；三年不為樂，樂必崩"云云。詳《墨儒之異同》四頗似受墨子節葬短喪之影響而云然，可見墨子之年，當與七十子齊。

（六）《淮南子要略》云："墨子學儒者之業，受孔子之術，以為其禮煩擾而不悅"云云。詳《墨儒之異同》一似墨子或嘗受學於孔子。

（七）《耕柱》篇："葉公子高問政於仲尼曰：善為政者若之何？仲尼對曰：善為政者，遠者近之而舊者新之。子墨子聞之曰：葉公子高未得其問也，仲尼亦未得其所以對也。"云云。知葉公之問，當在孔子往返蔡、葉間時，白公之亂前未久，墨子時已三十歲左右。

（八）《魯問》篇："孟山以白公之禍，譽王之閭為仁，墨子曰：難則難矣，然而未仁。"《史記・十二諸侯年表》："白公之亂，在魯哀公十六年。”孔子於是年卒，即楚惠王十年。墨子此言必在事後未久，而其時已講學授徒可知。

（九）《文子·自然》篇云：“孔子無黔突，墨子無煖席。”《漢書·藝文志》班固自注云：“文子，老子弟子，與孔子並時。”今觀其言孔墨並舉，設墨子在七十子後，文子不及知，安能為此言。《史記·孟荀傳·索隱》，按《別錄》云：“墨子書有文子，文子，子夏之弟子，問於墨子。如此，則墨子者在七十子後也。”《閒詁》云：“攷文子今書未見，必其佚文；它書載子夏弟子，亦無文子。”按《耕柱》篇有子夏之徒問於子墨子云云，無文子之名。或佚篇中有之，未必果為子夏弟子，蓋《別錄》臆測。竊疑文子必即老子弟子，與孔子同時，亦即與墨子同時。文子楚人，墨子屢之楚，況其道合，故相知。即此是墨子與孔子並時而差後之證。蓋墨子蜚譽於時，必在既壯，當孔子晚年。文子為道家鉅子，亦必壽考，故其著書並孔墨詳言之。

以上皆足為墨子與孔子並時而差後之證。

（十）墨子弟子縣子碩，《耕柱》篇魯繆公嘗因陳莊子死召而問焉。《檀弓》繆公尊禮子思。《孟子·公孫丑下》子思生於孔子五十九歲，《孔子編年》縣子與子思同時，則墨子長於子思無疑。

（十一）孟子受業於子思，《史記·列傳》嘗并楊墨而闢之。張湛注《列子》云：“楊朱後於墨子”，孟子當後於楊朱，必更後於墨子。觀《滕文公上》之墨者夷之，《告子下》之宋牼，均屬墨子後輩。孟子稱夷之曰夷子，稱宋牼曰先生；足見夷子、宋牼之年，均不少於孟子，當與子思齊。又孟子所禮貌之匡章，《離婁》且稱惠子為公；《呂氏春秋·愛類》足見惠子年長，惠子固述墨子之學者。

以上皆足為墨子年長於子思之證。

案墨子生年，當與七十子伯仲，長子思十餘歲，而其卒獨在後耳。

前賢因其言行多在七十子後，故劉向《別錄》云：“在七十子之後”，《史記索隱》引之。《文選·長笛賦》李注亦云：“今案其人在七十弟子後”，皆未知其卒年獨後也。後漢張衡謂當子思時，《閒詁·墨子年表》引之武億跋墨子云：“上接孔子未卒”，信而有徵，於遷、固二說皆不背。《閒詁》以墨子後及見齊太公和，與齊康公興樂，楚吳起之死，蓋忘其《魯問》《非樂》《親士》非出墨子之手也。以泥此故，竟謂墨子不及見孔子，（汪中《序》注）生年尚在子思之後；是猶畢氏誤以中山之滅，謂墨子實六國時人，至周末猶存也。《神仙傳》謂墨子至漢武帝時猶存，尤不足信。然墨子壽考，觀其獻書惠王，惠王以老辭可知。惠王在位五十七年，墨子生年當與惠王齊，卒在其後二三十年，享年殆近百歲；以其素無欲惡，《經上》“平知無欲惡也”,《經下》“無欲惡為之益損也”。）正體不動，《大取》當無足異；《抱朴子》列之神仙傳必有以也。

墨儒之異同

大道無形，本同也。形而為有，則異名。儒墨二家，水火久矣，實無足異，蓋體道以致用者殊耳，試述二家之異同。

（一）儒墨之學所從出者，文質各異。蓋儒宗周禮，墨宗夏禮也。孔子曰：“周監於二代，郁郁乎文哉，吾從周。”《論語·八佾》又曰：“吾說夏禮，杞不足徵也；吾學殷禮，有宋存焉；吾學周禮，今用之，吾從周。”《中庸》墨子則嘗“學儒者之業，受孔子之術，以為其禮煩擾而不說，厚葬靡財而貧民，久服傷生而害事，故背周道而用夏政。”《淮南子要略》又謂公孟子曰：“子法周而未法夏也，子之古非古也。”《公孟》篇以是墨子非儒，孟子距墨。雖同一救世之心，而所趨之途，則有懸殊者也。

（二）墨家立說，以天為最高之標的，亦猶儒家之欽崇天道。顧墨子標示之天，賞善罰暴，顯有意志；殆如景教之上帝。非若孔子之所謂天，時覺有靈，時覺無靈者比。故著《天志》，使人皆愼奉之，兼愛而交利。並著《法儀》《尚同》，使天下從事者皆以天為法，盡去人我之執，一同天下之義。此墨家獨樹一幟之大本。蓋確有見乎天人不二，理至精微者也。若儒家雖亦以道之大原出於天，而强聒說教，未見如墨者為人之多，救世之勇。所異者，儒家惟游乎方之內，墨家則有游乎方外之精神，寓於方之內也。“方之外”、“方之內”見《莊子·大宗師》

（三）墨家重祭祀，務絜為酒醴粢盛，以敬天事鬼。與孔子“之祭如在，祭神如神在”，無攸異。《論語·八佾》皆本歷史舊貫也。惟墨家著有《明鬼》之篇，確證鬼神之實有，且賞善罰暴。猶老子所謂“天網恢恢疏而不失”者然。將以正天下之人心，而弭天下之亂。孔子則不語怪力亂神，《述而》且曰敬鬼神而遠之。《雍也》故墨子語公孟子曰：“執無鬼而學祭禮，是猶無客而學客禮也，是猶無魚而為魚罟也。”《公孟》篇此又墨儒之異點也。《論衡·薄葬》《案書》二篇，持論多與墨子為離，蓋王充見道未憭，又生於後漢，其時墨教已失其勢力，無足怪

（四）喪葬之禮，儒墨甚不一致。墨子力主薄葬短喪，蓋本禹法也。《尸子》曰：“禹為喪法，使死於陵者葬於陵，死於澤者葬於澤，桐棺三寸，制喪三月。”《淮南子·要略》云：“節財薄葬閑服生焉。”又《齊俗訓》云：“三年之喪，是强人所不及也，而以僞輔情也。三月之服，是絕哀而迫切之性也。”高誘注：“三月之服，夏后氏之禮”，《韓非子·顯學》篇云：墨者之葬也，冬日冬服，夏日夏服，桐棺三寸，服喪三月，世以為儉而禮之。顧以薄葬言，則孔子於伯魚之死用薄葬，並以門人厚葬顏回為非。《先進》孟子亦以貧富不同，後喪踰前喪。《梁惠下》是知孔孟非極端主厚葬。特非如墨子極端主薄葬耳。至墨主短喪，固與孔孟絕對相反。《論語·憲問》篇子張曰：“《書》云高宗諒陰三年不言。何謂也？”子曰：“何必高宗，古之人皆然。”《陽貨》篇宰我問三年

之喪期已久矣，君子三年不為禮，禮必壞；三年不為樂，樂必崩；舊穀既沒，新穀既升；鑽燧改火，期可已矣；竊疑宰我似受墨教短喪非樂之影響，乃以喪可稍短、樂不可廢發為此問，或即墨子與孔子同時之一證子曰："食夫稻，衣夫錦，於汝安乎？"曰："安。""女安則為之；夫君子之居喪，食旨不甘，聞樂不樂，居不處安，故不為也。今女安則為之。"宰我出。子曰："予之不仁也，子生三年，然後免於父母之懷。夫三年之喪，天下之通喪也，予也有三年之愛於其父母乎？"其責之嚴矣。孟子《盡心》篇，齊宣王欲短喪。公孫丑曰：為朞之喪猶愈於已乎？孟子曰："是猶或紾其兄之臂，子謂之姑徐徐云爾。"蓋儒重宗法之道德，墨務天下之富厚，所以異也。

（五）墨子稱道"大禹形勞天下，以自苦為極。"《莊子·天下》篇深恐執有命者之言，上下皆惰於從事，為天下厚害。故盡力非之曰："命者暴王所作，窮人所術，非仁者之言。"《非命下》篇於子夏所謂"死生有命，富貴在天"之說；《論語·顏淵》絕不能容。其振刷斯人之精神者至矣。如孔子謂顏回不幸短命死矣，(《雍也》)謂賜不受命，(《先進》)凡此宿命之主張，大都在墨子攻擊之列，若孟子所謂修身所以立命，盡其道而死者正命也，桎梏死者非正命，(《盡心》篇）則同化於非命之旨，當為墨子所不非《論衡·命義》篇曰："墨家之論，以為人死無命；儒家之議，以為人死有命。"蓋於人生死之故，墨家所見，深於儒家也。

（六）墨子"昭昭然為天下憂不足"，《荀子·富國》篇力主勞儉。以樂無益於人，必致"虧奪民衣食之財；并廢君子之聽治，與賤人之從事"。《非樂》且以堯舜湯武言，"樂逾繁者治逾寡"，《三辯》故《非樂》。儒家則以禮樂為治天下之要端，詳《禮樂記》故荀子作《樂論》以敵之。此間墨主實利之普及，多注意於貧民，期於一切平等。儒尚優美之感化；貧民往往向隅，則貧富貴賤，階級難平二家所見不同，而濟時之心一也。

（七）墨子主張兼愛，人己兩忘，直視"天下無人"。《大取》故以"別之所生為天下之大害，期於一兼以易別"；本《兼愛下》所謂愛無差等也。《孟子·滕文上》《論語》亦稱博濟為聖，顧以"堯舜猶病"，《雍也》惟教人汎愛而已。學而汎愛眾故親親之殺，《中庸》《孟子·盡心上》亦曰：親親而仁民畛域難除。蓋墨本乎天，儒本乎人者異也。

（八）墨子力行兼愛故非攻，蓋深以“勁殺其萬民，覆其老弱”《非攻下》為憂也。孟子則謂“率土地而食人肉，罪不容於死，故善戰者服上刑”，《離婁上》實與墨子同一慈悲。然如墨子“取天之人，“取”通“聚”以攻天之邑，刺殺天民”《非攻下》云云。則兼之為義，又孟子一間未達者。

（九）墨子祖禹菲飲食，惡衣服，卑宮室，《說苑·反質》《論語·泰伯》故節用。孔子於禹無間然，且以“節用”為道千乘之國之要端。《論語·學而》無異也。惟荀子以墨子蔽於用而不知文，《解蔽》篇謂其節用是使天下貧；《富國》篇二千年前，已具今日遠西尚奢之遠識；偉已。蓋墨家節用，欲使天下無不富，且以限制在上者之厲民，與儒家同。而其恐侈於性，極端反對美術，則與儒家異也。

（十）墨子言脩齊治平之道；與儒家同尚仁義，《呂覽·有度》，孔墨之弟子徒屬，充滿天下，皆以仁義之術，教導於天下同說《詩》《書》，同稱堯舜，同非桀紂，無異致也。惟儒家宗師仲尼《漢書·藝文志·儒家》墨子不然。蓋墨子之為儒術，乃仲尼以前之儒，實兼道家之旨，《荀子·解蔽》篇，故《道經》曰，“人心之危，道心之微，危微之幾，惟明君子而後能知之”，是道與儒不分之證與滯於禮者異趣。故雖“俱道堯舜，而取舍不同”。《韓非子·顯學》篇墨子嘗謂“堯不能治今世之天下”，《經說下》是固仲尼未嘗道也。蓋孔子“述而不作”，故公孟子曰：“君子不作，術而已。”墨子甚不謂然，謂述作不可偏廢：“古之善者則述之，今之善者則作之，欲善之益多。”《耕柱》篇足見墨子理想銳敏，能保守更能進取也。

（十一）儒家禮不往教，《曲禮》故公孟子曰：“君子共己以待，問焉則言，不問則止。”墨家則不憚勞，務“偏從人而說之”。《公孟》篇是儒墨二家，施教之法異也。

（十二）政教不分，儒墨皆同。案墨者有鉅子又似政教已有分離之勢然儒主君位世襲，貴貴親親；墨主天子公選，國君以及鄉里之長皆然，《尚同》又歧異也。

墨子勞農主義之源流

農者，勉也。《廣雅·釋詁》三。《尚賢中》篇引《呂刑》云：農殖嘉穀。《管子·大匡》篇云：用力不農，有罪無赦。皆其義厚也。《書·洪範》“農用八政”傳鄭注讀為醲濃也。《論語·子路》“吾不如老農”《皇疏》昔神農夫負婦戴，以治天下。《尸子》勤勉以厚生民者至矣。衆感其德濃厚如神，故稱神農。《風俗通義·皇霸》其時“男女貿功，資相為業”，“非老不休，非疾不息”，“天下一心”，《亢倉子·農道》篇無有貴賤貧富勞逸之不均。傳曰“神農形悴”，《文子·自然》篇有以也。神農氏世衰，諸侯相侵伐，暴虐百姓。軒轅乃修德振兵，撫萬民，度四方。而諸侯尊之，立為天子。軒轅勞勤心力耳目，節用水火材物，披山通道，未嘗寧居。《史記·黃帝本紀》下逮諸侯廢摯立堯上皆《君臣萌通約》（即《民約論》）之所本堯為天下“瘦臞”。見《文子·自然》篇且愧德薄，未若神農。嘗曰“朕之比神農，猶旦與昏也”，《尸子》卒倦勤而禪舜。舜為天下憂勤而“黧黑”，《文子·自然》篇、《魯問》篇：魯之南鄙人有吳慮者，冬陶夏耕，自比於舜奔走而死蒼梧之野。本《史記·舜本紀》禹繼，“智營形析，心罔弗辰”，岣嶁碑文出見耕者耦立而式。《荀子·大略》沐甚雨，櫛疾風，《莊子·天下》卒致“偏枯”。《列子·楊朱》是皆勤勞以醲民生，固墨子所心儀也。墨子書屢稱男耕女織征不義并堯舜禹事可證

世又愈衰，厲民自養者多。長沮、桀溺、荷蓧丈人《論語·微子》之儔，大氐皆抱道而農，以均勞逸為務者。當時無所謂道家、農家，百家紛於末流，初起厥惟一道。如《亢倉子》道家有《農道》篇。老子不貴難得之貨（墨家同）本即神農之法，見《淮南子·齊俗訓》。《管子》道家亦法家，而《輕重甲》《揆度》等篇屢稱神農之教。《呂氏春秋》道家亦雜家，《尊師》《慎勢》等篇數稱神農，《知度》篇且云“唯彼天符不周而周”，此神農之所以長而堯舜之所以章也。人心之危道心之微，儒家所謂心傳，《荀子·解蔽》篇稱為道經之言。儒墨互相非，同稱堯舜。統此以觀，知《漢書》“《藝文志》九流之目，甚為曖昧”，（蔡孑民先生嘗向余言）不足據也觀其言曰：“是魯孔丘與，是知津矣”；“耰而不輟”；曰“四體不勤，五穀不分；孰為夫子，植其杖而芸”，皆譏其不勤農業顯然。是農家之尚勞賤，足民食，以平上下之序；班《志》“農家者流蓋出於農稷之官”，胡適著《中國哲學史大綱》附錄駁之甚是。謂播百穀勤耕桑，以足衣食（略）此其所長也，及鄙者為之，以為無所事聖王，欲使君臣並耕誖上下之序。不知君臣並耕，正農家欲其上下齊勞，交相利之要旨。江瑔著《讀子巵言》，論農家頗具卓識。惟謂農家之學，於耕稼農桑之事絕無與焉，殊謬道已盛行於楚。想墨子游楚之頻，老子於楚為大師，墨學貴慈儉，玄同於老子者十六七，卒不僅開風氣於

齊魯間，南方墨者亦盛，均有脈胳可尋心契久矣。不然，何"昭昭然為天下憂不足"《荀子·富國》篇之甚耶。厥後許行自楚之滕。孟子三陳仲去齊之楚。《於陵子》辭錄蓋沮溺諸賢流風未墜，有以啓之。

以上敍墨子勞農主義之淵源竟。以下述墨子之勞農主義。

一、平等觀

墨子因"儒者親親有術，尊賢有等，言親疏尊卑之異"，《非儒》以為不合"《天志》"，故"非儒"而樹"愛無差等"孟子三之義。

今天下無大小國，皆天之邑也。人無幼長貴賤，皆天之臣也。《法儀》

君臣上下惠忠。父子兄弟慈孝。《天志中》

臣子之不孝君父，所謂亂也。雖父之不慈子，兄之不慈弟，君之不慈臣，此亦天下之所謂亂也。《兼愛上》

以上皆一兼之演，以與人類互相接；均與基督教義無別。

二、互助論

墨子互助論，其大綱三：（一）有力以勞人；《魯問篇》墨子見吳慮語（二）有財以分人；同上，又語曹公子多財則以分貧。（三）有道肆相教誨。《兼愛下》蓋其交相利之實行也。約分四項言之：

（1）互助之正義。

今吾將正求興天下之利而取之，以兼為正。是以聰耳明目，相與視聽乎？是以股肱畢强相為動宰乎？而有道肆相教誨。是以老而無妻子者，有所侍養以終其壽。幼弱孤童之無父母者，有所放依以長其身。《兼愛下》

（2）互助即自助。

使其一士者執別，使其一士者執兼。是故別士之言曰，吾豈能為吾友之身，若為吾身；為吾友之親，若為吾親。是故退睹其友，飢即不食，寒即不衣，疾病不侍養，死喪不葬埋。別士之言若此，行若此。

兼士之言不然，行亦不然；曰吾聞為高士於天下者，必為其友之身，若為其身；為其友之親，若為其親；然後可以為高士於天下。是故退睹其友，飢則食之，寒則衣之，疾病侍養之，死喪葬埋之。兼士之言若此，行若此。中略天下無愚夫愚婦，雖非兼之人，必寄託家室於兼之友是也。本《兼愛下》

（3）互助之效益。

夫唯能使人之耳目，助己視聽。使人之吻，助己言談。使人之心，助己思慮。使人之股肱，助己動作。助之視聽者衆，則其所聞見者遠矣。助之言談者衆，則其德音之所撫循者博矣。助之思慮者衆，則其謀度速得矣。"謀"上"談"字從王校刪 助之動作者衆，即其舉事速成矣。《尚同中》

（4）國際之互助。

今若有能信効先利天下諸侯者，大國之不義也，則同憂之。大國之攻小國也，則同救之。小國城郭之不全也，必使修之。布粟之絕則委之。幣帛不足則共之。以此効大國，"則大國之君說；以此効小國"，十一字今校增則小國之君說。《非攻下》

以上務即一兼，以齊人事之不齊。莊子作《齊物論》，其解同而其行則異。荀子謂其"有見於齊無見於畸"，《天論》篇 漏已。保羅云："官體雖百，而身則一。目不能對手云，吾無須爾；頭不能對足云，吾無須爾。如一體苦，百體同苦。一體榮，百體同樂。"《新約·哥林多前書》十二章 言無尊卑當互相助，義與此同。

三、尚勤勞

墨子"日夜不休，以自苦為極"；"枯槁不舍"，"備世之急"。《莊子·天下》篇蓋甘為人役而不役人，與耶穌一揆；《新約·馬太》二十章所以防人自侈妄營者至微。固不僅為人類增實利，消除凍餓已也。荀子以墨子必自勞苦之說，為役夫之道，《王霸》篇 所見殊膚。今舉墨書如下：

（1）勤勞為人資生之本分。

今人固與禽獸麋鹿蜚通“飛”鳥貞通“征”蟲異者也。中略賴其力者生，不賴其力者不生。君子不强聽治，即刑政亂。賤人不强從事，即財用不足。中略王公大人蚤朝晏退，聽獄治政。此其分事也。士君子竭股肱之力，亶其思慮之智。內治官府，外收斂關市山林澤梁之利，以實倉稟府庫。此其分事也。農夫蚤出暮入，耕稼樹藝，多聚叔粟。此其分事也。婦人夙興夜寐，紡績織紝，多治麻絲葛緒綑布縿。舊作“縿”，從王校此其分事也。《非樂》

（2）勤勞與否，利害懸絕。

今也王公大人之所以蚤朝晏退，聽獄治政，終朝均分而不敢怠倦者，何也？曰彼以為强必治，不强必亂；强必寧，不強必危；故不敢怠倦。今也卿大夫之所以竭股肱之力，殫其思慮之知。內治官府，外斂關市山林澤梁之利，以實官府，而不敢怠倦者何也？曰彼以為强必貴，不强必賤；强必榮，不强必辱；故不敢怠倦。今也農夫之所以蚤出暮入，强乎耕稼樹藝，多聚叔粟，而不敢怠倦者何也？曰彼以為强必富，不强必貧；强必飽，不强必飢；故不敢怠倦。今也婦人之所以夙興夜寐，强乎紡績織紝，多治麻絲舊作“統”，從王校葛緒，捆布縿，舊作“縿”，從王校而不敢怠倦者何也？曰彼以為强必富，不强必貧；强必煖，不强必寒；故不敢怠倦。中略王公大人怠乎聽獄治政，卿大夫怠乎治官府，則我以為天下必亂矣。農夫怠乎耕稼樹藝，婦人怠乎紡績織紝，則我以為天下衣食之財將必不足矣。《非命下》

（3）百工均當勤勞。即是振興工業

凡天下羣百工，輪車，鞼匏，陶冶，梓匠，使各從事其所能。《節用中》

以上蓋本兼之真理，雖有足財，恆無足心；本《親士》勉為全社會生利也。基督教義有曰：“不勤勞者不當食”。《新約·帖後》三章近世所謂“勞動神聖”，

"實利主義",均同。荀子《富國》篇云:"墨子大有天下,小有一國,將少人徒,省官職,上功勞苦,與百姓均事業齊功勞。"可謂紀實之言。

四、均貧富

墨子以救濟社會,使盡脫苦厄,莫急於為大羣理財。削去貧富階級,而分配極其平均。人生過富必驕奢,過貧必窘迫,墮落罪惡一也故節用為要義。試進述之:

(1)節飲食。

古者聖王制為飲食之法曰,足以充虛繼氣,强股肱,耳目聰明則止。能薄滋味以養形,即少嗜欲以養神不極五味之調,芬香之和。以是腐腸毒藥故不致遠國珍怪異物。《節用中》

(2)節衣服。

為衣服之法,冬則練帛之中,足以為輕且煖;夏則絺綌之中,足以為輕且凊;謹此則止。故聖人之為衣服,適身體、和肌膚而足矣。非榮耳目而觀愚民也。《辭過》;徒飾外觀之美,是以天地有用之身,供愚民之玩賞,賤莫甚焉

(3)節宮室。

為宮室之法曰,室高足以辟潤濕;孫云謂堂基之高邊足以圉風寒;上足以待雪霜雨露;宮牆之高,足以別男女之禮;謹此則止。凡費財勞力,不加利者不為也。《辭過》

(4)節舟車。

凡為舟車之道,加輕以利者則止。"則止"二字從洪校改不加者去之。《節用上》

(5)節甲盾五兵。以足自衛為限

凡為甲盾五兵,加輕以利,堅而難折者則止。不加者去之。《節用上》

(6)節喪葬。務保毋財足以資生而利羣為孝

子墨子制為葬埋之法曰,棺三寸足以朽骨,衣三領足以朽肉,掘地之深,下無菹漏;氣無發洩於上,壟足以期其所,則止矣。哭往哭來,反從事乎衣食之財。《節葬》

以上蓋以一人不節用，即是分公共之利以私營；將財用不能兼足於社會，眞正和平之秩序難保。必使各人與公衆，共享同等之樂利。此即近世馬克斯主張之要義。

上述四義，皆墨道之綱領。尚有各要旨。（一）因天下之正長猶未廢也。不得不選擇天下賢良者，立為天子三公，下逮鄉里之長。（二）使皆上同天之義，[以上本《尚同》]而為兼君。退睹其萬民，飢即食之，寒即衣之，疾病侍養之，死喪葬埋之。[《兼愛下》]（三）尚賢。以德就列，以勞殿賞。有能則舉之，無能則下之。舉公義，辟[除也]私怨。[《尚賢上》]處高爵祿則以讓賢。[《魯問》]（四）不容厚措斂乎萬民，虧奪民衣食之財。[《非樂》]（五）時有大盜攻國，世弗知非，[本《非攻上》]常嚴《七患》之備。此知墨子“形勞天下”，[《莊子·天下》]無安心。[《親士》]所以濃厚民生者至矣。

以上敍墨子勞農主義竟。以下述其流別。於孟子書得二人：

許行

有為神農之言者許行，自楚之滕，踵門而告文公曰：“遠方之人，聞君行仁政，願受一廛而為氓。”文公與之處。其徒數十人皆衣褐，捆屨織席，以為食。[中略]陳相見許行而大悅，盡棄其學而學焉。陳相見孟子道許行之言曰：“滕君則誠賢君也。雖然，未聞道也。賢者與民並耕而食，饔飧而治。今也滕有倉廩府庫，則是厲民而以自養也。惡得賢？”[《孟子·滕文公》篇]

觀許行之徒數十人皆衣褐，與墨者裘褐為衣[《莊子·天下》]同，一儉也。捆屨織席以為食，與墨家不苟啗人食[詳《耕註》孫校]同，一勞也。重並耕，戒厲民，蓋無上無下。皆務為社會生利，不容分人之利以自養，儼然今之社會主義也。孟子不著其學，度其道必精微廣大，甚難言也。不然，陳相何以盡棄其學而學之。試觀下文可知概梗：

從許子之道，則市賈不貳，國中無僞。雖使五尺之童適市，莫之或欺。布帛長短同，則賈相若。麻縷絲絮輕重同，則賈相若。五穀多寡同，則賈相若。屨大小同，則賈相若。

此知其市物，"足以奉給民用則止"。《節用中》故但以長短、輕重、多寡、大小為價，無有精粗美惡之不齊；亦尚同之一粗端。故為農為工，并耕之事不必同，而並耕之理無不同。玩國中無僞之旨，想見其互助交利，分配至均；有公忠而無私積，有協同而無爭執。孟子固未足與此。然即其"物之不齊"一言徵之，知必有以齊天下之至不齊者已。是即所謂兼也，墨道也。

陳仲子即田仲，亦稱於陵子

陳仲子豈不誠廉士卦？居於陵三日不食，耳無聞，目無見也。井上有李，螬食實者過半矣；匍匐往將食之，三咽，然後耳有聞，目有見。仲子所居之室，所食之粟，彼身織屨，妻辟纑以易之也。中略仲子齊之世家也。兄戴蓋祿萬鍾。以兄之祿為不義之祿而不食也；以兄之室為不義之室而不居也。辟兄離母，處於於陵。

據孟子書，足見仲子之操，無異許行。觀其記許行於墨者夷之前，記陳仲於距墨子後，蓋深知其宗趣多同，從類也。仲子行類墨子者，更可於《於陵子》徵之：

齊王將使於陵子為齊大夫。於陵子遂去齊之楚，居於於陵。《辭祿》楚王使使持黃金百鎰，聘於陵子為相。於陵子辭而謝其使者。《未信》於陵子既辭楚相，為人灌園。食力灌園之餘，寓神冲虛之表。《灌園》

是猶墨子不受越聘，《魯問》所謂"道不因其升沈而信於亡往"《灌園》也。

於陵子曰：最昔之民，相與鈞天地之有，夷生之人等。休休與與，亡校滿損。《貧居》

此知仲子棲神於“兼”之墨行。亡校滿損，寫盡適市無欺之祕義。

有淵人亡珠于市，於陵子過之，而疑焉。遂聽直於市長。於陵子澤色，亡與辯也。《大盜》

此即墨子不怒之道，《莊子·天下》篇曰“其道不怒”足令譬大盜攻國為義本《非攻》者愧。可謂“良金百鍊而不失其采，美玉百涅而不渝其潔”《辯窮》矣。無知其道大觳而難行，甚見嫉於世主與儒家。趙威后怪其率民而出於無用，何為至今不殺？《戰國策·齊策四》孟子謂蚓而後充其操。荀子謂其不如盜。不苟篇蓋其曲彌高，其和彌寡。

尚有《墨學與景教》一篇，不及附刊，續出求教。

受業張士寯錄稿

編後記

張純一（1871~1955 年），字仲如，湖北漢陽縣人，清末秀才，曾在家鄉設館教學。1900 年，張純一來到武昌，在聖公會主辦的文華學院教授國文課，并由此結識劉靜庵、馮特民等人，后遠赴日本洪文書院學習教育倫理科。回國后，張純一仍任教于文華學院，并參加了由劉靜庵、曹亞伯等發起的革命團體日知會。張純一因參加革命活動而被迫輾轉至上海，在廣學會從事編纂工作，兼辦《大同報》。辛亥革命之後，張純一先後于中華大學、文華大學、燕京大學、南開大學、法政大學等任教，并與章太炎、蔡元培、黄侃、梁啟超等人論學。抗日戰爭爆發后，張純一入重慶縉雲山寺，專心研究佛學。在學術上，張純一主要對先秦諸子、佛教和基督教等領域有較為深入的研究，而先秦諸子之中，他的墨子研究頗有獨到見解。

《墨子》是闡述墨家思想的經典著作，其內容主要包括記載墨子的言行、闡述墨家的認識論、邏輯思想等，其中還包括力學、幾何學以及光學等自然科學的知識。自漢代獨尊儒術之後，墨家思想少有人問津。自清代乾嘉時期，墨學再興，孫詒讓的《墨子閒詁》可謂集清代學者《墨子》校勘之大成。至民國時期，對《墨子》和墨家思想的研究出現了一股高潮，影響較大的研究者有梁啟超、劉師培、章太炎等人，張純一亦位列其中，而其《墨子閒詁箋》從內容和思想上是對孫詒讓《墨子閒詁》的重要補充，是民國時期墨學研究的重要代表著作之一。

本社此次整理，以 1922 年商務印書館出版的《墨子閒詁箋》為底本。在整理過程中：首先，將底本的豎排版式轉換為橫排版式，並在原書體例和層次上作出調整，以適合今人閱讀；其次，書中語言文字方面與今有異的部分，當屬民國時期漢語發展和過渡的一種特殊的現象，為民國圖書整體特點之一，在不影響今人閱讀的前提下，對於此類問題，均以尊重原稿、保持原貌、不予修改的原則進行處理；此外，在標點符號方面，由於民國時期的標點符號用法與今天現代漢語標點符號規則有一定的差異，並且這種差異在一定程度上不適宜今天的讀者閱讀，因此在標點符號方面，以尊重原稿為主，並依據現代漢語語法規則進行適度的修改，特別是對於頓號和書名號的使用，均加以注意，稍作修改和調整，以便於讀者閱讀和理解；最後，對於原書在內容和知識性上存在的一些錯誤，此次整理者均以“編者註”的形式進行了修正或解釋，最大可能地消除讀者的困惑。

文　茜

二零一二年九月

《民國文存》第一輯書目

書名	作者
紅樓夢附集十二種	徐復初
萬國博覽會遊記	屠坤華
國學必讀（上）	錢基博
國學必讀（下）	錢基博
中國寓言與神話	胡懷琛
文選學	駱鴻凱
中國書史	查猛濟、陳彬龢
林紓筆記及選評兩種	林紓
程伊川年譜	姚名達
左宗棠家書	許嘯天句讀、胡翼雲校閱
積微居文錄	楊樹達
中國文字與書法	陳彬龢
中國六大文豪	謝無量
中國學術大綱	蔡尚思
中國僧伽之詩生活	張長弓
中國近三百年哲學史	蔣維喬
段硯齋雜文	沈兼士
清代學者整理舊學之總成績	梁啟超
墨子綜釋	支偉成
讀淮南子	盧錫烴

國外考察記兩種	傅芸子、程硯秋
古文筆法百篇	胡懷琛
中國文學史	劉大白
紅樓夢研究兩種	李辰冬、壽鵬飛
閒話上海	馬健行
老學蛻語	范禕
中國文學史	林傳甲
墨子閒詁箋	張純一
中國國文法	吴瀛
《四書》《周易》解題及其讀法	錢基博
老莊研究兩種	陳柱、顧實
清初五大師集（卷一）・黄梨洲集	許嘯天整理
清初五大師集（卷二）・顧亭林集	許嘯天整理
清初五大師集（卷三）・王船山集	許嘯天整理
清初五大師集（卷四）・朱舜水集	許嘯天整理
清初五大師集（卷五）・顔習齋集	許嘯天整理
文學論	[日]夏目漱石著、張我軍譯
經學史論	[日]本田成之著、江俠庵譯
經史子集要略	羅止園
古代詩詞研究三種	胡樸安、賀楊靈、徐珂
古代文學研究三種	張西堂、羅常培、呂思勉
巴拿馬太平洋萬國博覽會要覽	李宣龔
國史通略	張震南
先秦經濟思想史二種	甘乃光、熊簪
三國晉初史略	王鍾麒
清史講義（上）	汪榮寶、許國英
清史講義（下）	汪榮寶、許國英

清史要略	陳懷
中國近百年史要	陳懷
中國近百年史	孟世傑
中國近世史	魏野疇
中國歷代黨爭史	王桐齡
古書源流（上）	李繼煌
古書源流（下）	李繼煌
史學叢書	呂思勉
中華幣制史（上）	張家驤
中華幣制史（下）	張家驤
中國貨幣史研究二種	徐滄水、章宗元
歷代屯田考（上）	張君約
歷代屯田考（下）	張君約
東方研究史	莫東寅
西洋教育思想史（上）	蔣徑三
西洋教育思想史（下）	蔣徑三
人生哲學	杜亞泉
佛學綱要	蔣維喬
國學問答	黄筱蘭、張景博
社會學綱要	馮品蘭
韓非子研究	王世琯
中國哲學史綱要	舒新城
中國古代政治哲學批判	李麥麥
教育心理學	朱兆萃
陸王哲學探微	胡哲敷
認識論入門	羅鴻詔
儒哲學案合編	曹恭翊

荀子哲學綱要	劉子靜
中國戲劇概評	培良
中國哲學史（上）	趙蘭坪
中國哲學史（中）	趙蘭坪
中國哲學史（下）	趙蘭坪
嘉靖禦倭江浙主客軍考	黎光明
《佛遊天竺記》考釋	岑仲勉
法蘭西大革命史	常乃悳
德國史兩種	道森、常乃悳
中國最近三十年史	陳功甫
近百年外交失敗史（1840～1928）	徐國楨
最近中國三十年外交史	劉彥
日俄戰爭史	呂思勉、郭斌佳、陳功甫
老子概論	許嘯天
被侵害之中國	劉彥
日本侵華史兩種	曹伯韓、汪馥泉
馮承鈞譯著兩種	伯希和、色伽蘭
金石目錄兩種	李根源、張江裁、許道令
晚清中俄外交兩例	常乃悳、威德、陳勛仲
美國獨立建國	商務印書館編譯所、宋桂煌
不平等條約的研究	張廷灝、高爾松
中外文化小史	常乃悳、梁冰弦
中外工業史兩種	陳家錕、林子英、劉秉麟
中國鐵道史（上）	謝彬
中國鐵道史（下）	謝彬
中國之儲蓄銀行史（上）	王志莘
中國之儲蓄銀行史（下）	王志莘

史學史三種	羅元鯤、呂思勉、何炳松
近世歐洲史（上）	何炳松
近世歐洲史（下）	何炳松
西洋教育史大綱（上）	姜琦
西洋教育史大綱（下）	姜琦
歐洲文藝雜談	張資平、華林
楊墨哲學	蔣維喬
新哲學的地理觀	錢今昔
德育原理	吳俊升
兒童心理學綱要（外一種）	艾華、高卓
哲學研究兩種	曾昭鐸、張銘鼎
洪深戲劇研究及創作兩種	洪深
社會學問題研究	鄭若谷、常乃悳
白石道人詞箋平（外一種）	陳柱、王光祈
成功之路：現代名人自述	徐悲鴻等
蘇青與張愛玲：文壇逸站	白鷗
文壇印象記	黄人影
宋元戲劇研究兩種	趙景深
上海的日報與定期刊物	胡道静
上海新聞事業之史話	胡道静
人物品藻錄	鄭逸梅
賽金花故事三種	杜君謀、熊佛西、夏衍
湯若望傳（第一冊）	[德]魏特著、楊丙辰譯
湯若望傳（第二冊）	[德]魏特著、楊丙辰譯
摩尼教與景教流行中國考	馮承鈞
楚詞研究兩種	謝無量、陸侃如
古書今讀法（外一種）	胡懷琛、胡朴安、胡道静

黃仲則詩與評傳	朱建新、章衣萍
中國文學批評論文集	葉楚傖
名人演講集	許嘯天
印度童話集	徐蔚南
日本文學	謝六逸
齊如山劇學研究兩種	齊如山
俾斯麥（上）	[德]盧特維喜著、伍光建譯
俾斯麥（中）	[德]盧特維喜著、伍光建譯
俾斯麥（下）	[德]盧特維喜著、伍光建譯
中國現代藝術史	李樸園
藝術論集	李樸園
西北旅行日記	郭步陶
新聞學撮要	戈公振
隋唐時代西域人華化考	何健民
中國近代戲曲史	鄭震
詩經學與詞學 ABC	金公亮、胡雲翼
文字學與文體論 ABC	胡朴安、顧藎丞
目錄學	姚名達
唐宋散文選	葉楚傖
三國晉南北朝文選	葉楚傖
論德國民族性	[德]黎耳著，楊丙辰譯
梁任公語粹	許嘯天選輯
中國先哲人性論	江恒源
青年修養	曹伯韓
青年學習兩種	曹伯韓
青年教育兩種	陸費逵、舒新城
過度時代之思想與教育	蔣夢麟

我和教育	舒新城
社會與教育	陶孟和
國民立身訓	謝無量
讀書與寫作	李公樸
白話書信	高語罕
文章及其作法	高語罕
作文講話	章衣萍
實用修辭學	郭步陶
版本通義・古籍舉要	錢基博
中國戲劇概評	向培良
現代文學十二講	[日]昇曙夢著、汪馥泉譯